汽车机械制图及识图习题集

李茗 主编 蔡俊霞 审

化学工业出版社

·北京·

本书与《汽车机械制图及识图（修订版）》（李茗主编）配套使用，结合教材内容，设置各章习题，内容包括制图基础知识、投影基础、基本立体视图、组合体、轴测图、机件的表达方法、标准件和常用件、汽车零件图、汽车装配图和汽车机械部件识图。

本书可供高等学校应用型本科、高等专科、高等职业技术教育相关专业教学使用。

图书在版编目（CIP）数据

汽车机械制图及识图习题集/李茗主编. —北京：
化学工业出版社，2019.2
ISBN 978-7-122-33507-4

Ⅰ.①汽… Ⅱ.①李… Ⅲ.①汽车-机械制图-高等
学校-习题集②汽车-机械图-识图-高等学校-习题集
Ⅳ.①U462-44

中国版本图书馆 CIP 数据核字（2018）第 281219 号

责任编辑：李玉晖 装帧设计：韩 飞
责任校对：王素芹

出版发行：化学工业出版社（北京市东城区青年湖南街 13 号 邮政编码 100011）
印 装：三河市延风印装有限公司
787mm×1092mm 1/16 印张 6¾ 字数 173 千字 2019 年 2 月北京第 1 版第 1 次印刷

购书咨询：010-64518888 售后服务：010-64518899
网 址：http://www.cip.com.cn
凡购买本书，如有缺损质量问题，本社销售中心负责调换。

定 价：35.00 元

前　言

　　本习题集与《汽车机械制图及识图（修订版）》（李茗主编）配套使用。它以能力培养为基础，重在应用，其指导思想是以培养学生空间思维能力为核心，培养学生具有一定的绘制简单零件图和识读汽车零件图、装配图的能力。

　　习题集中选题原则是以"必须、够用"为度。为适应目前学时数不断压缩的实际情况，相比较传统的教材题量有所减少，尤其在基本体和组合体部分删减了部分难度较大的习题或作业。教材及相应习题集侧重"读图能力"的训练，将"读图"作为基本技能贯穿始终。

　　参加本书编写的有范丽（第一章、第五章），王丽（第二章～第四章），王臣（第六章、第七章），李茗（第八章、第九章），李晗（第十章）。全书由李茗主编，蔡俊霞审阅。

　　由于编者水平所限，本书难免存在不足之处，恳请读者批评指正。

编者

2018 年 10 月

目　　录

第一章　制图基础知识	班级：	姓名：	学号：	审核：

1-1　尺寸标注练习（需标数值，按1∶1从图中量取，取整数）。	1-2　按给定尺寸用1∶1比例用图纸画图并标尺寸。

1.线性尺寸

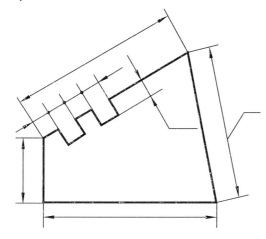

2.角度尺寸

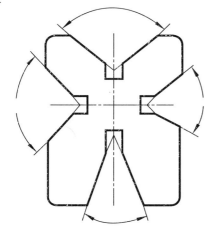

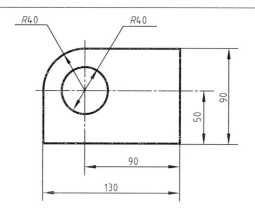

1-3　几何作图。

1.抄画平面图形

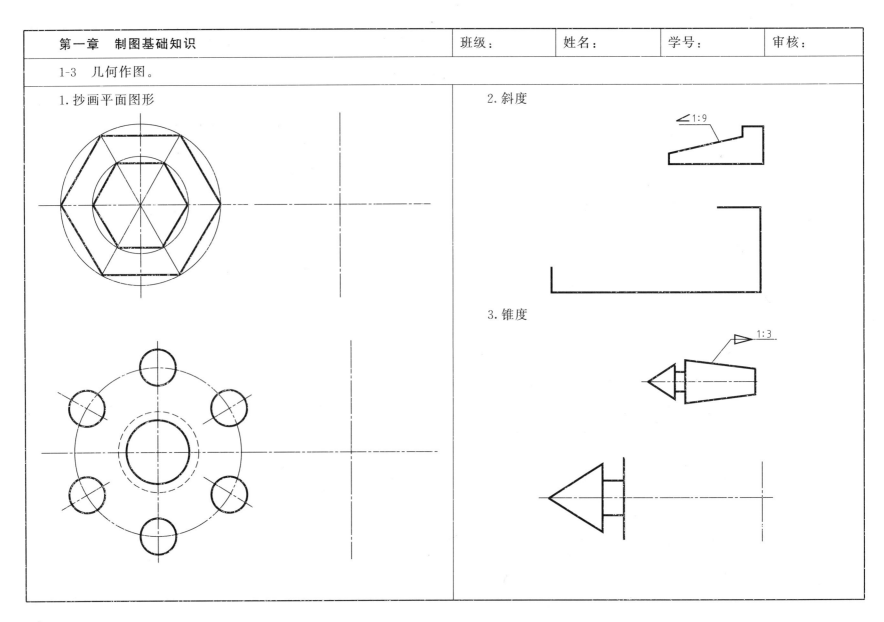

2.斜度

≤1:9

3.锥度

1:3

1-4　圆弧连接（参照右上角图例，用给定的半径作圆弧连接）。

1.

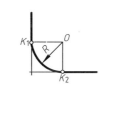

2.

3.

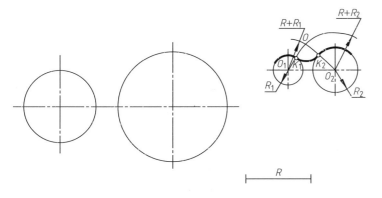

4.

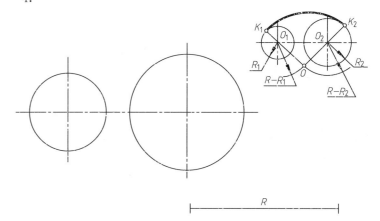

1-5　线型练习作业。

一、目的

1.熟悉主要线型的规格。

2.练习使用绘图工具。

二、内容与要求

1.按图例要求绘制各种图线。

2.用 A3 图纸横放，比例 1：1。

三、绘图步骤

1.画底稿（用 2H 铅笔）

（1）按图例中所注的尺寸，从图纸有效幅面的中心处开始作图。

（2）校对底稿，擦去多余的图线。

2.铅笔加深（用 HB 或 2B 铅笔）

（1）画粗实线圆、虚线圆和点画线圆。

（2）按上述顺序依次画出水平方向和垂直方向的直线。

（3）画左、右两组 45°的斜线，斜线间隔约为 3mm（目测）。

（4）用标准字体填写标题栏。

四、注意事项

1.各种图线必须符合国标的规定。

2.为了保证线型符合标准，虚线和点画线的长度与间隔在画底稿时就应正确画出。

3.作图要细致耐心，不要轻易换纸重画。

五、图例（见右图）

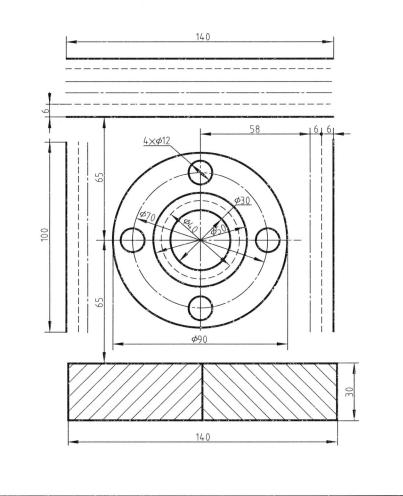

1-6 在 A3 图纸上按 1：1 的比例绘制下面图形。

1.挂轮架

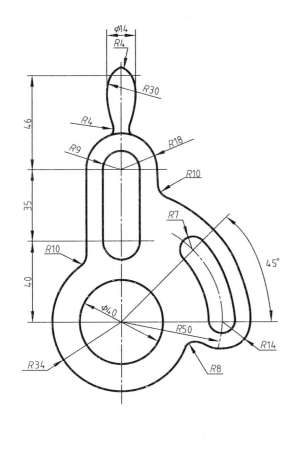

2.支座

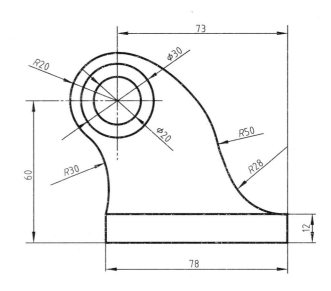

5

2-1　观察物体的三视图，在立体图中找出相对应的物体，填写对应的序号。

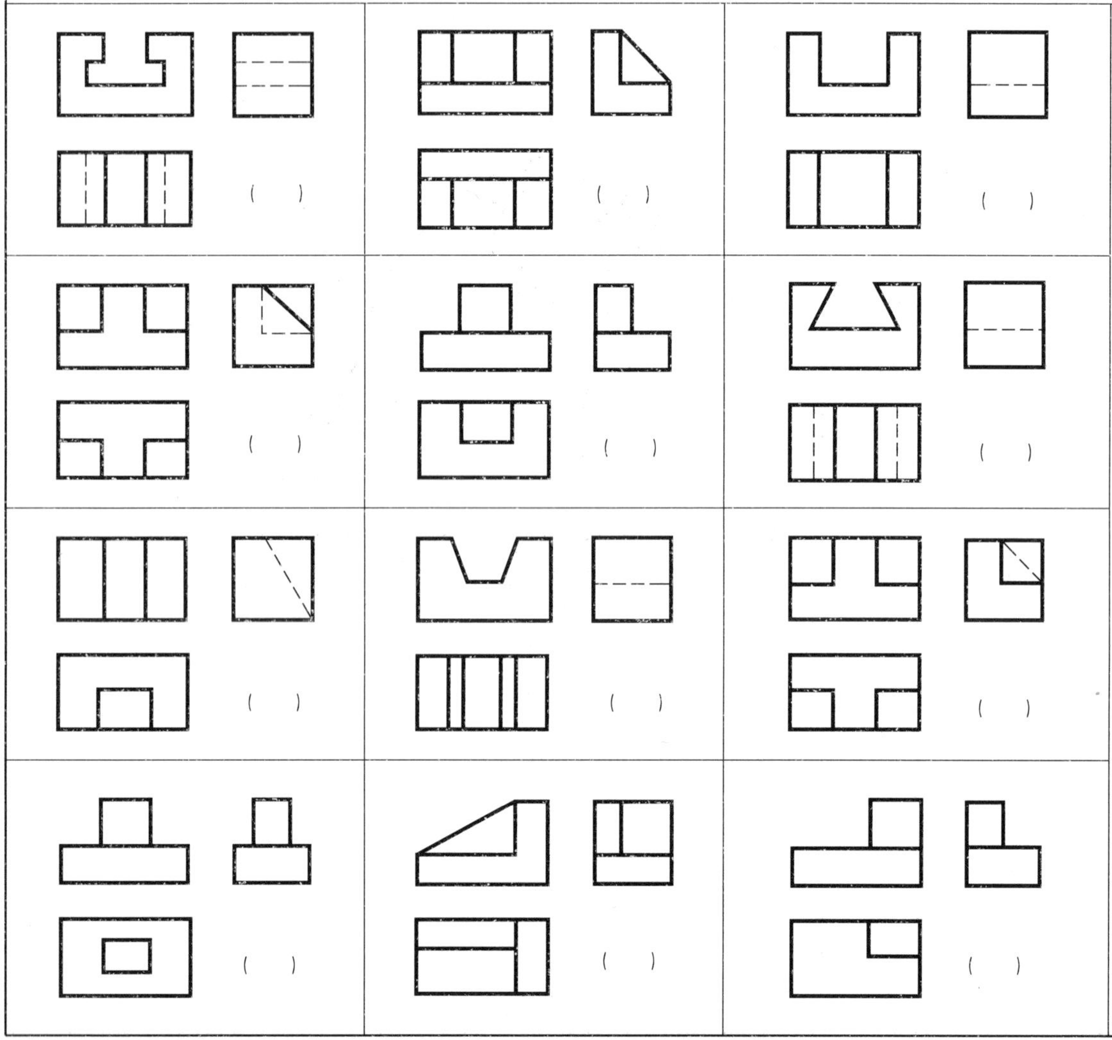

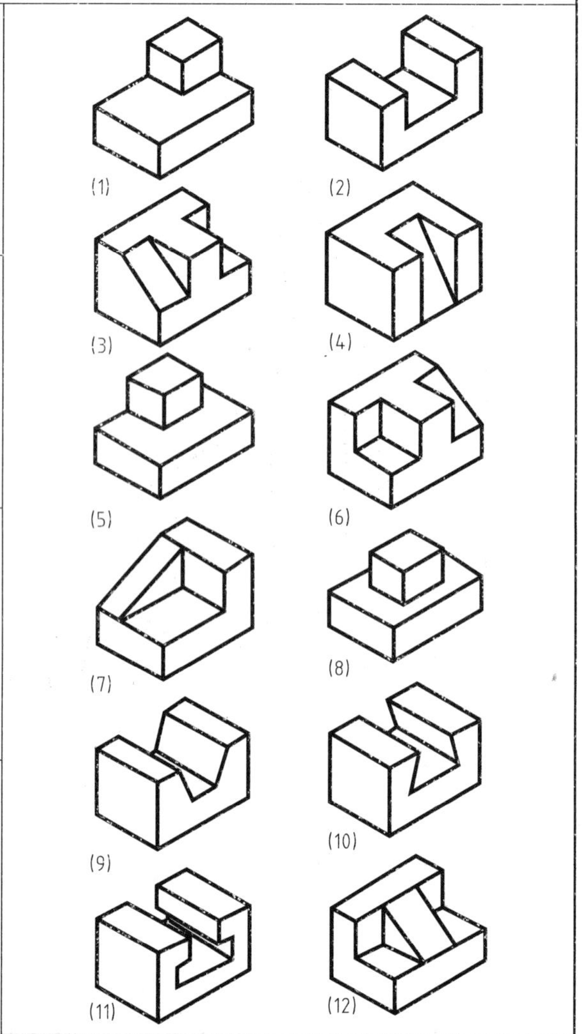

(　)	(　)	(　)
(　)	(　)	(　)
(　)	(　)	(　)
(　)	(　)	(　)

(1)　　(2)

(3)　　(4)

(5)　　(6)

(7)　　(8)

(9)　　(10)

(11)　　(12)

2-2　根据立体图补画视图中的缺线。

1.

2.

3.

4.

2-3　根据给出的视图想象物体形状，补画所缺图线。

1.

2.

3.

4.

5.

6.

7.

8.

9.

2-4　根据立体图辨认其相应的两视图，并补画出所缺的第三视图。

1.	2.	3.	4.	5.	6.

1.

3.

5.

2.

4.

6.

| 2-5　根据轴测图画三视图（一）。 |

一、目的

1.初步掌握根据模型画三视图的方法。

2.掌握三视图之间的对应关系。

3.进一步掌握制图工具和用品的使用方法。

二、内容与要求

1.根据轴测图绘制三视图。

2.用 A3 图纸，横放，每张纸画六个模型的三视图。

3.绘图比例自定。

三、注意事项

1.先用细实线将图纸的有效作图面积均匀分格。布图时，视图之间的距离应适当，六组三视图的总体布局也应协调均匀。

2.主视图的选择，应能明显地表现模型的形状特征。一般以模型的最大尺寸作为长度方向的尺寸。在决定主视图投射方向时，还应考虑到各个视图中的虚线越少越好。

3.作图时，首先画外形轮廓线，再按顺序画内部轮廓线，画底稿。

4.底稿完成后经检查、修正，再按线型的规格描深。

在轴测图中量取尺寸的方法：

根据轴测图画三视图时，怎样度量尺寸呢？

轴测图中的轴测轴 X_1、Y_1、Z_1 与三视图中的投影轴 X、Y、Z 有着一一对应的关系。在正等测图中度量尺寸时，凡与轴平行的线段均可按 1：1 取至三视图中，且应分别与 X、Y、Z 轴相平行。但与 X_1、Y_1、Z_1 轴不平行的线段，即轴测图中的斜线，不可直接量取。只能依据该斜线两端点的坐标，在视图中先定点，再连线。

此外，还应注意，轴测图中相互平行的线段，在三视图中也一定相互平行。

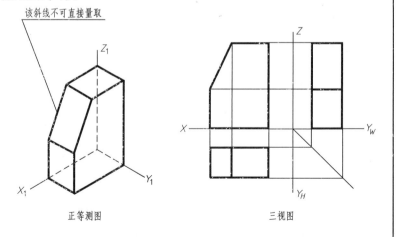

正等测图　　　　　　　三视图

2-5 根据轴测图画三视图（二）。

1.

2.

3.

4.

5.

6.

7.

8.

9.

10.

11.

12.

13.

14.

15.

16.

17.

18.

19.

20.

3-1　已知立体的两个视图，补画第三视图。

1.

2.

3.

4.

5.

6.

3-2　已知立体的两个视图，补画第三视图。

1.

2.

3.

4.

5.

6.

3-3 已知立体的两个视图，补画第三视图。

1.

2.

3.

4.

5.

6.

3-4　补全平面与平面立体的交线，完成三视图。

1.

2.

3.

4.

5.

6.

3-5 补画第三视图。

1.

2.

3.

4.

5.

6.

3-6　利用近似画法求相贯线的投影。

3-7　求特殊情况下相贯线。

1.

2.

1.

3.

4.

2.

3-8　对下列图形进行尺寸标注（数值从视图中量取并取整数）。

1.

2.

3.

4.

5.

6.

4-1　根据轴测图，绘制下列组合体的三视图。

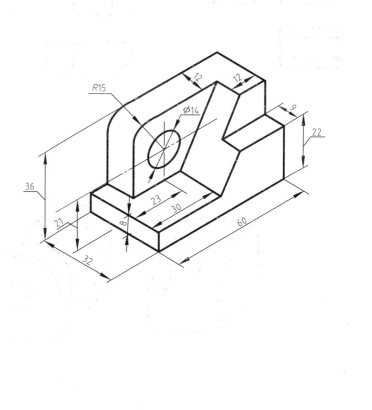

4-2　根据三视图找出相应的立体图，并在其下方括号内填写对应的序号。

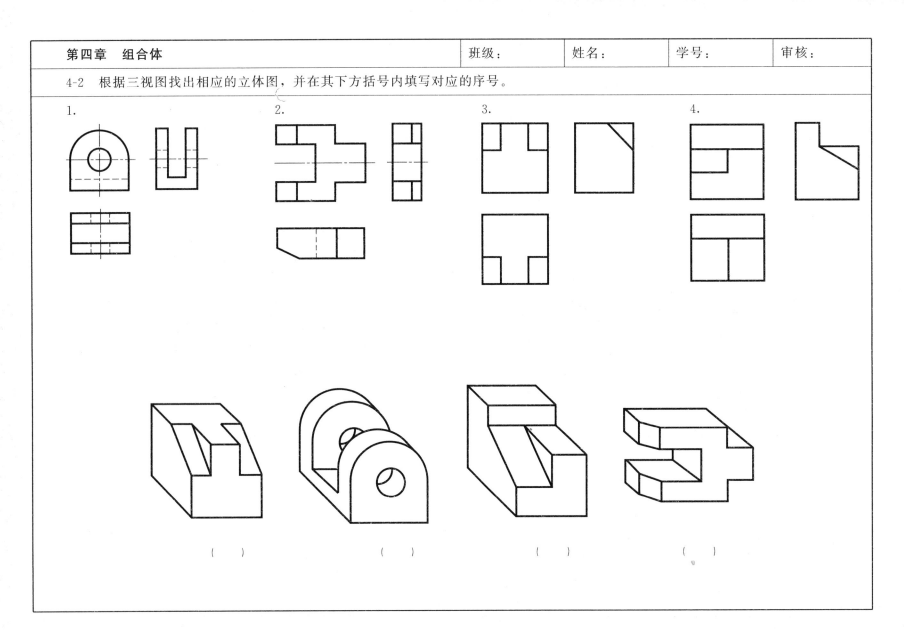

1.

2.

3.

4.

（　　）　　　　（　　）　　　　（　　）　　　　（　　）

4-3　根据轴测图，补画视图中所缺的线。

1.

2.

3.

4.

4-4 补全视图中所缺的线。

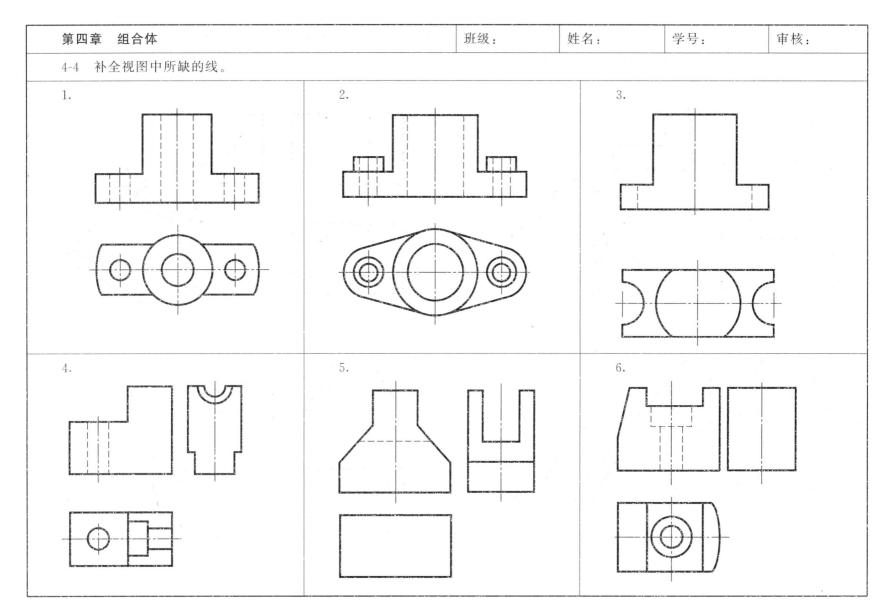

1.

2.

3.

4.

5.

6.

4-5 根据组合体的轴测图和两视图，补画第三视图。

1.

2.

3.

4.

4-6　根据组合体的两视图，补画第三视图。

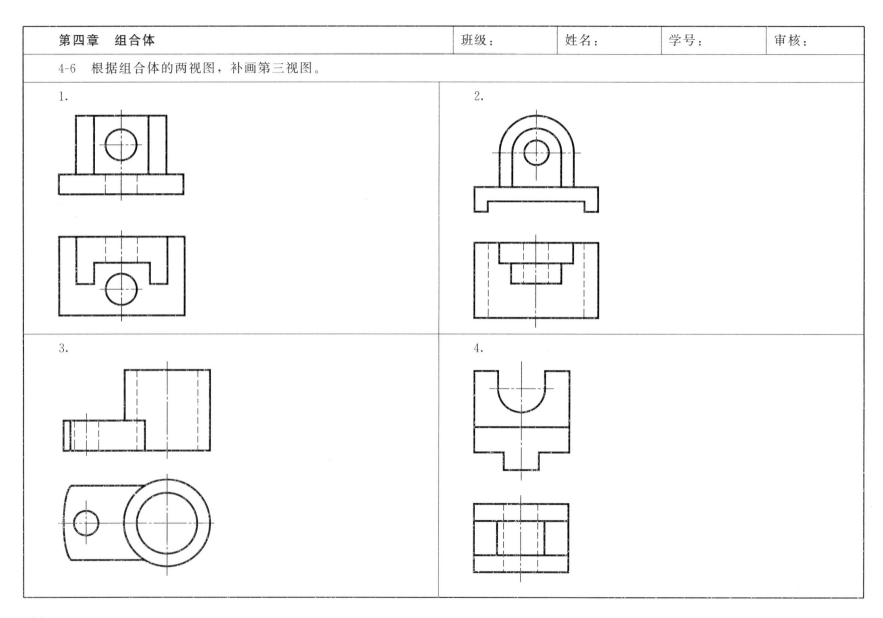

1.

2.

3.

4.

4-7　标注组合体的尺寸（数值从视图中量取并取整数）。

1.

2.

3.

4.

4-8　根据轴测图，绘制组合体三视图，并标注尺寸（采用 A3 图幅，比例自定，内容由教师指定）

1.

2.

3.

4.

第五章　轴测图	班级：	姓名：	学号：	审核：

5-1　根据视图，画正等轴测图。

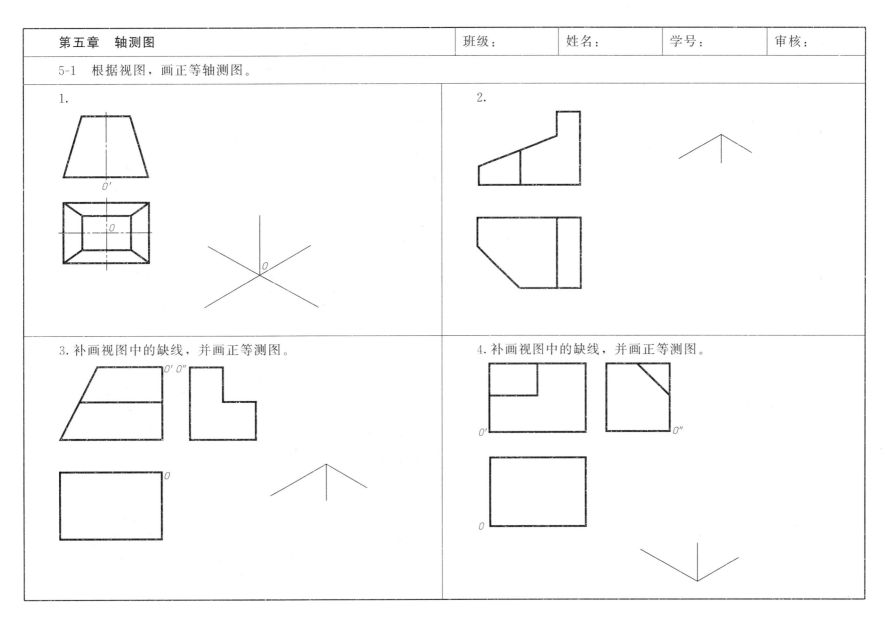

1.

2.

3.补画视图中的缺线，并画正等测图。

4.补画视图中的缺线，并画正等测图。

5-2　依据物体某一表面的轴测投影，徒手完成该物体的轴测图（另一轴向尺寸图中已通过不同形式给定）。

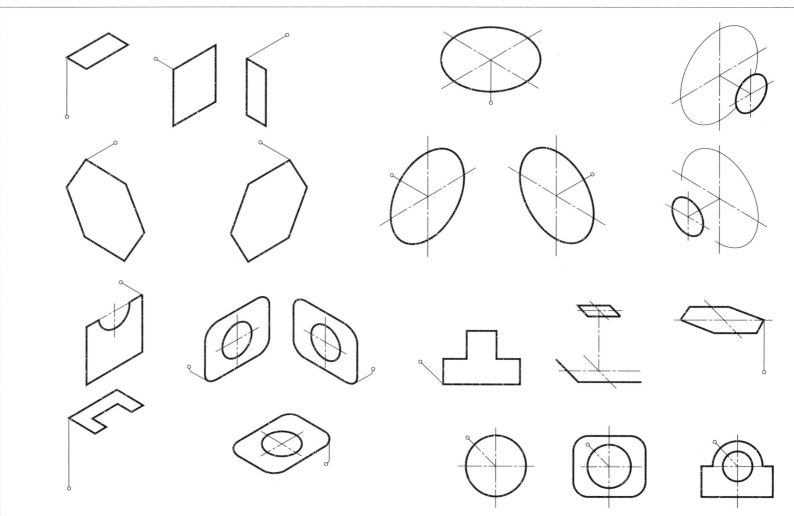

5-3 根据视图画正等轴测图（一）。

1.

2.

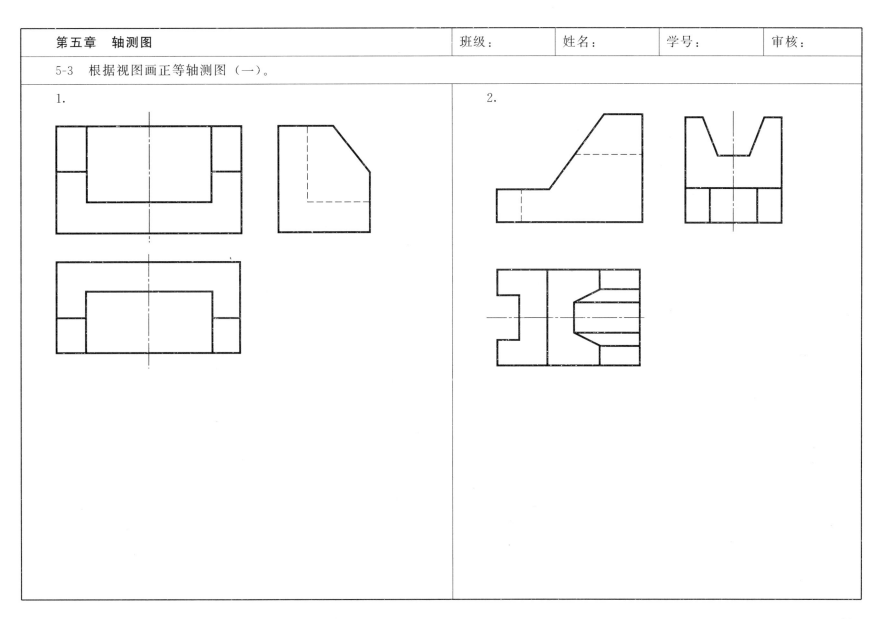

5-3　根据视图画正等轴测图（二）。

1.

2.

5-3　根据视图画正等轴测图（三）。

1.

2.

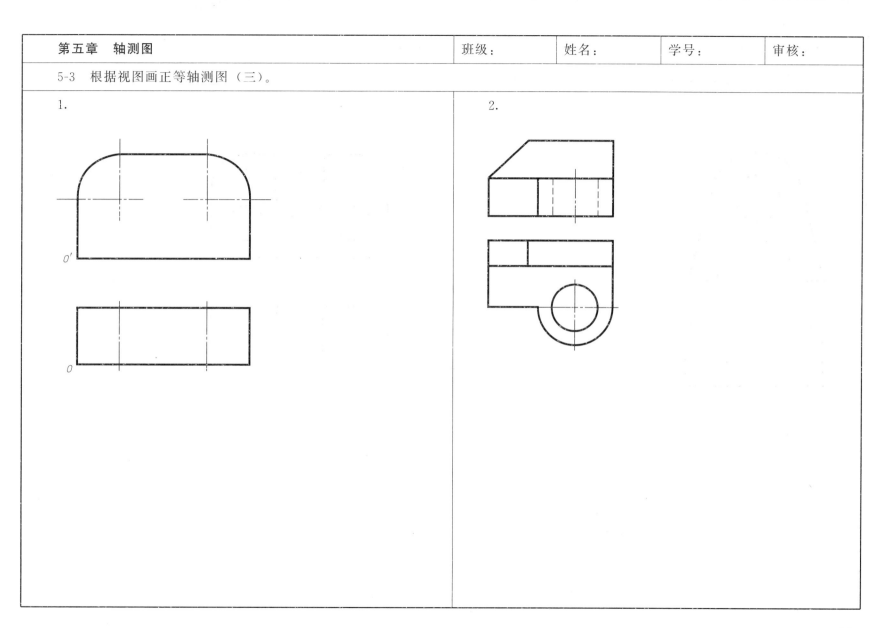

5-4 根据视图画斜二轴测图。

1.

2.

6-1　根据主、俯、左三视图，补画右、后、仰三视图。

6-2 看懂三视图，画出右视图和 A 向、B 向视图。

6-3　参照轴测图，在指定位置作斜视图和局部视图。

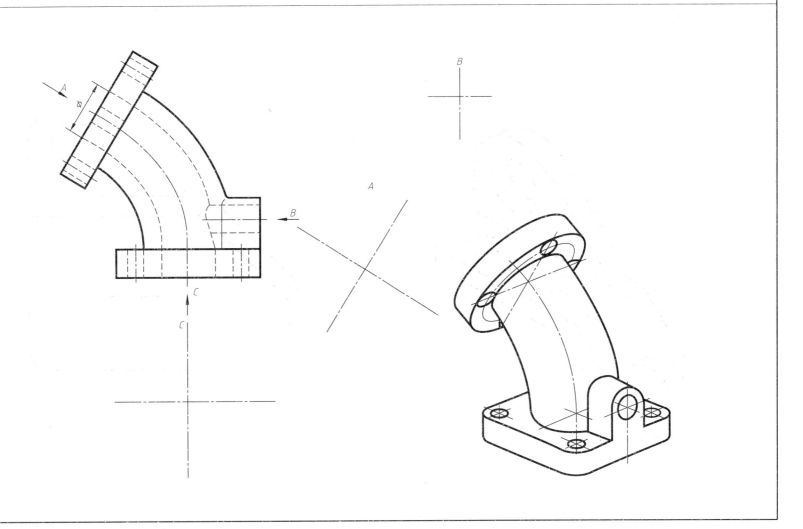

6-4　参照轴测图，作斜视图和局部视图，并按规定标注。

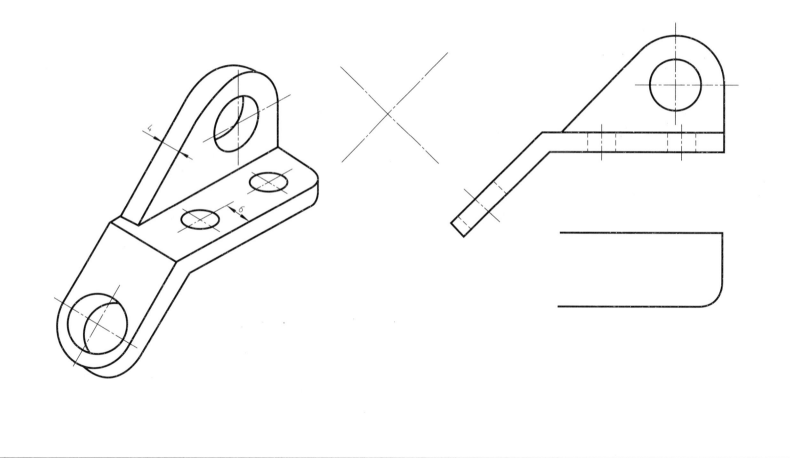

6-5 画出 A 向斜视图和 B 向局部视图。

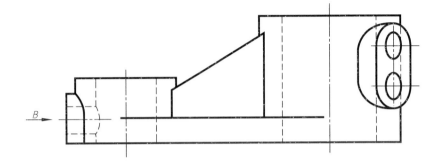

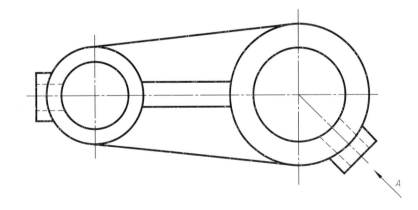

6-6　补画图中的漏线。

1.

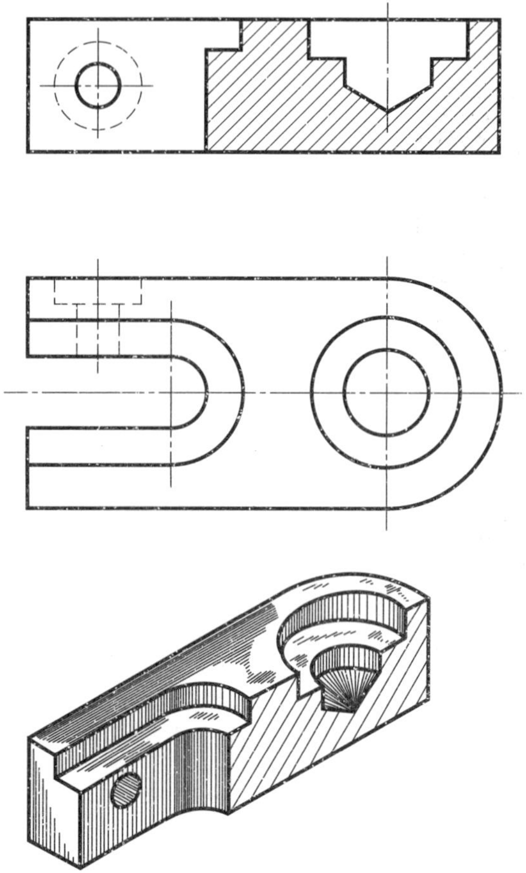

2.

(1)　　　　　　　　　　　　　　(2)

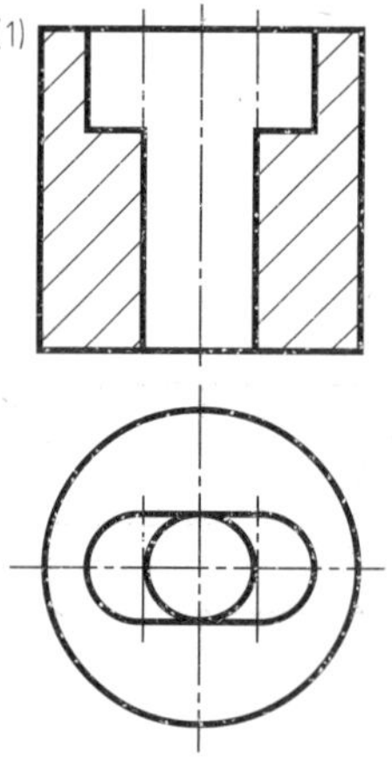

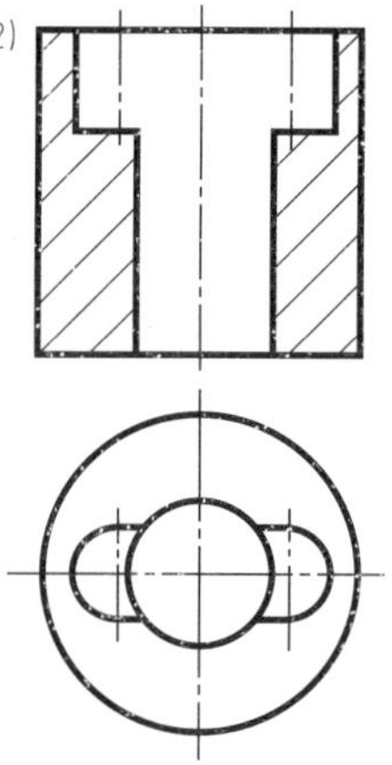

(3)　　　　　　　　　　　　　　(4)

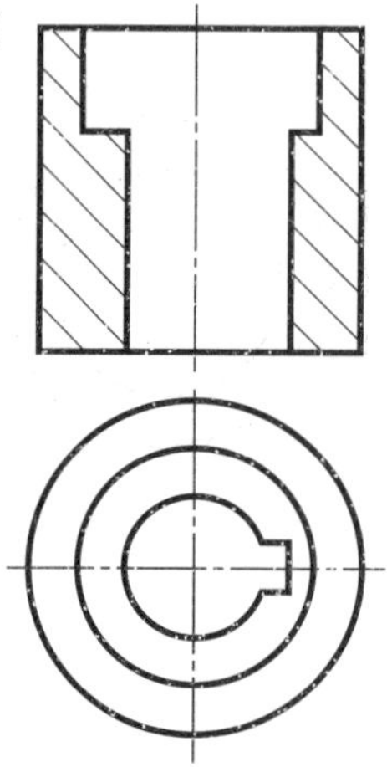

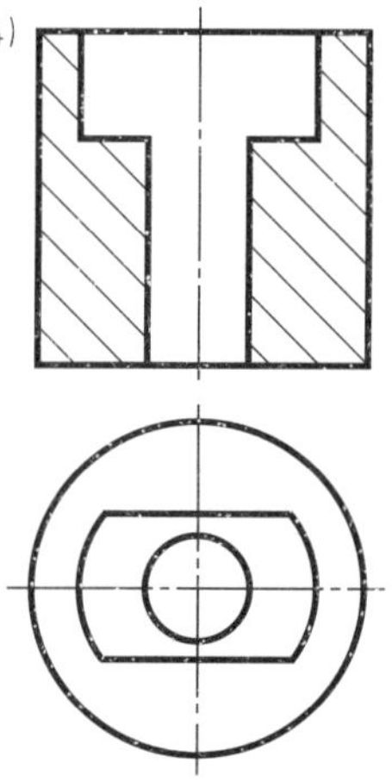

6-7　将主视图画成全剖视图。

1.

2.

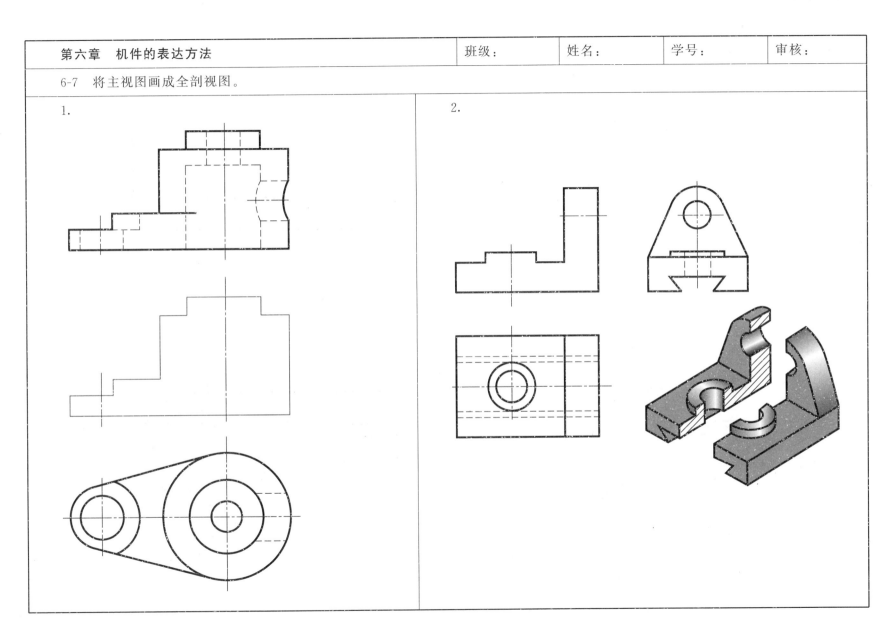

6-8　在指定位置将主视图改画成全剖视图。

1.

2.

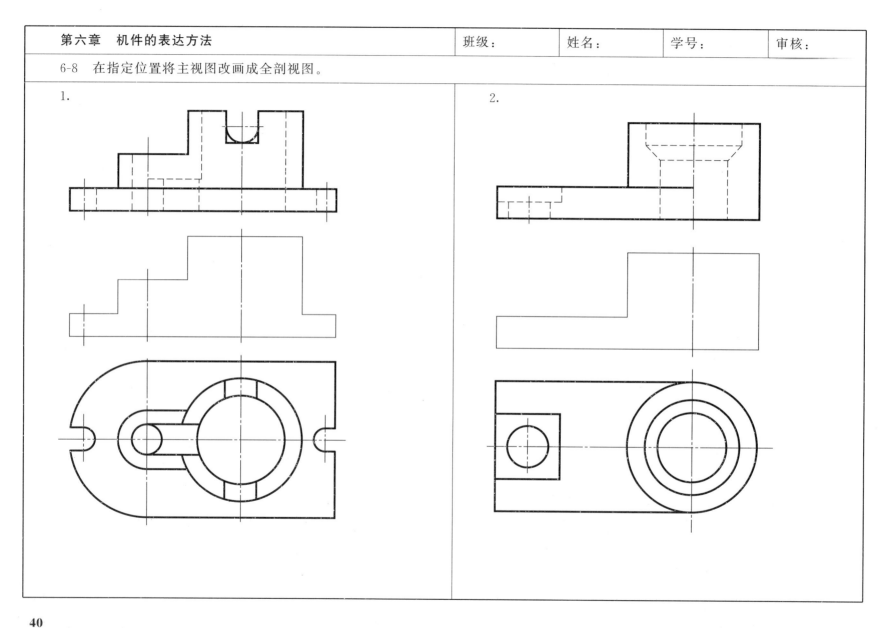

6-9　在指定位置将主视图改画成半剖视图。

1.

2.

6-10　将主视图改画成半剖视图，并画出全剖的左视图。

6-11　分别将主、俯视图改画成局部剖视图。

6-12　将主、左视图改画成局部剖视图。

6-13　将主视图改画成合适的剖视图，并进行标注。

6-14　将主视图改画成适当的剖视图，并画出 B 向局部视图和 C 向斜视图。

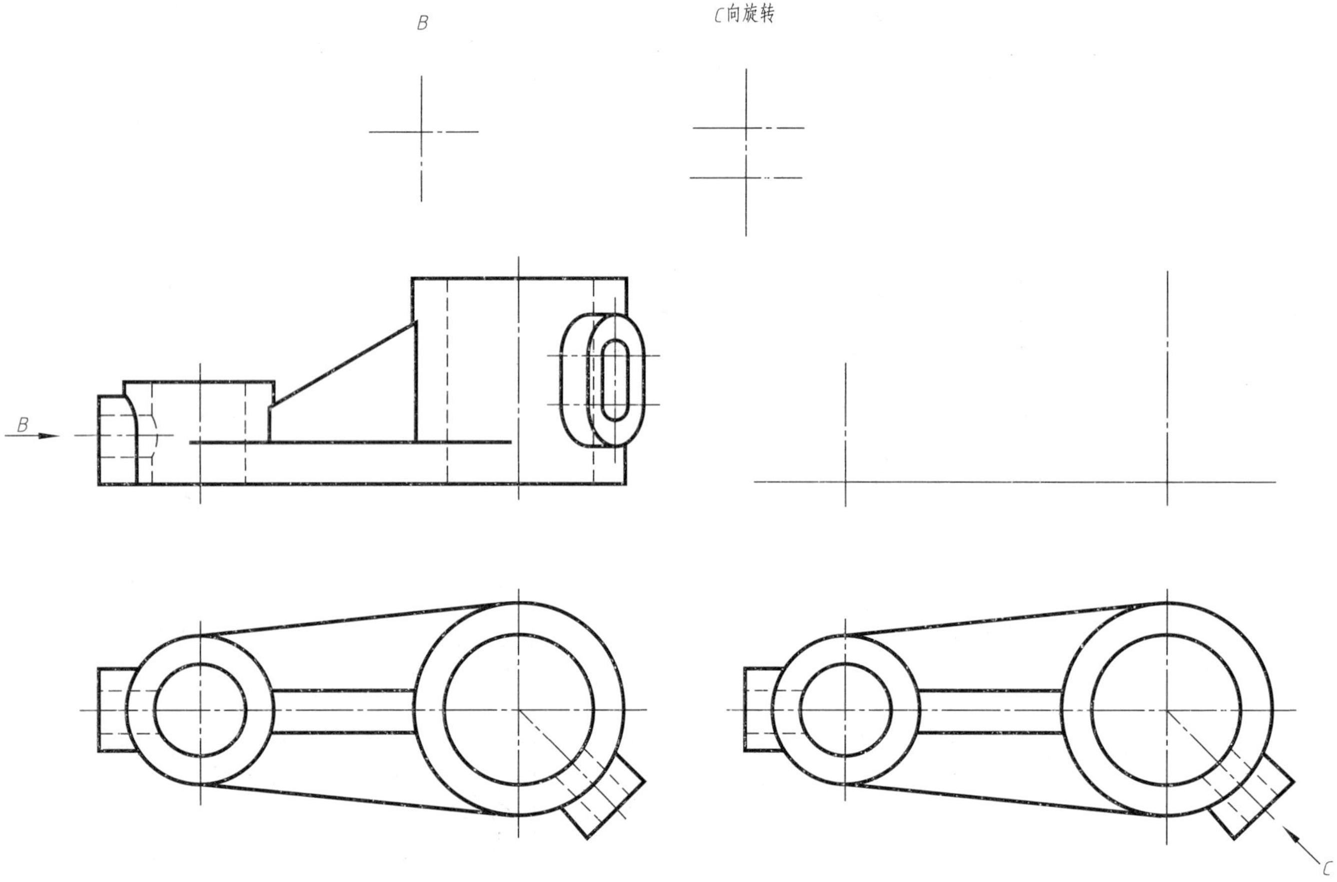

6-15　画 A—A 及 B—B 全剖视图。

A—A

B—B

6-16 在指定位置作出移出断面图。

单面键槽深 4mm，右端面按双面平面。

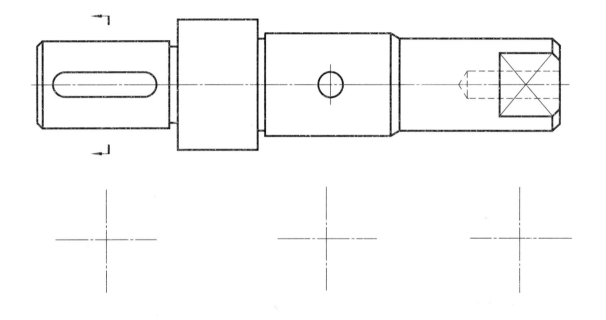

6-17　画断面图。

1.在指定位置画出移出断面图。

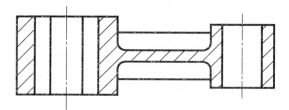

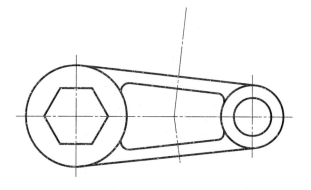

2.按给定剖切位置画出移出断面图。

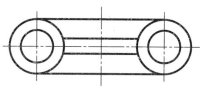

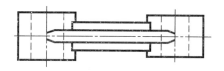

3.在指定位置画出重合断面图。

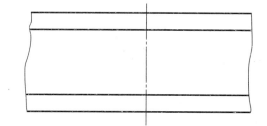

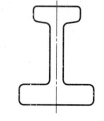

6-18　按规定画法，在指定位置画出正确的剖视图。

1.

2.

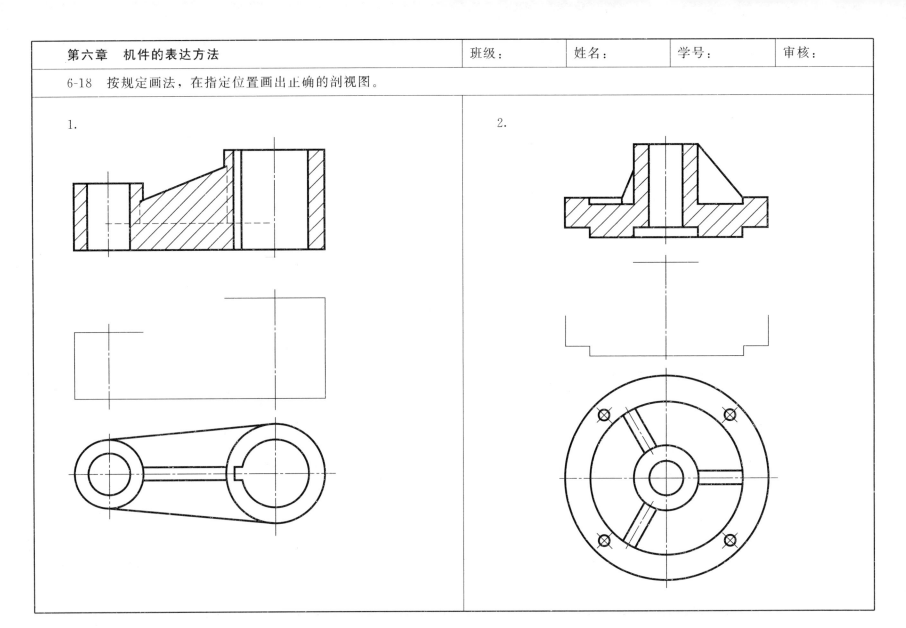

6-19　按规定画法，在指定位置画出正确的剖视图。

6-20　看懂图样表达，进行规范标注。

6-21　用适当的表达方法表达机件。

1.

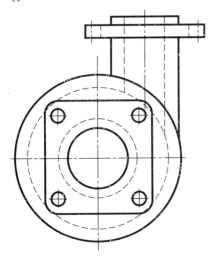

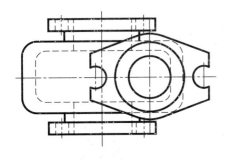

2.

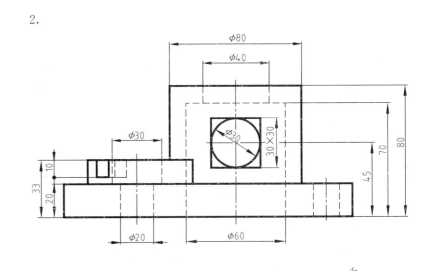

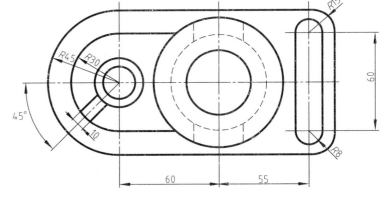

7-1　选择正确选项填入括号中。

1. 外螺纹的大径用（　　）符号表示。

A. D　　　　　　　　B. d　　　　　　　　C. D_1　　　　　　　　D. d_1

2. 管螺纹的代号是（　　）。

A. B　　　　　　　　B. Tr　　　　　　　　C. G　　　　　　　　D. M

3. 锯齿形螺纹的牙型代号为（　　）。

A. M　　　　　　　　B. R　　　　　　　　C. Tr　　　　　　　　D. B

4. 有一左旋梯形螺纹，其公称直径为30，螺距为6，导程为12，其代号应为（　　）。

A. M30×6　　　　B. Tr30×12(p6)LH　　　C. G1/2A　　　　D. Tr30×p6

5. 在螺纹的尺寸标注中，M36×2 表示的螺纹是（　　）。

A. 粗牙普通螺纹　　　　B. 细牙普通螺纹　　　　C. 梯形螺纹　　　　D. 锯齿形螺纹

6. 正确的内外螺纹旋合画法是（　　）

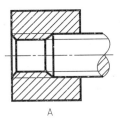 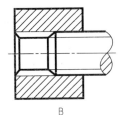 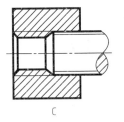 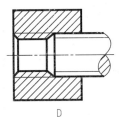

　　　　A　　　　　　　　B　　　　　　　　C　　　　　　　　D

7-2　画出螺纹，并在视图上标注螺纹的规定代号。

1. 普通粗牙螺纹，大径 20mm，螺距 2.5mm，螺纹长度 40mm，中径和大径公差带代号为 5g，中等旋合长度。

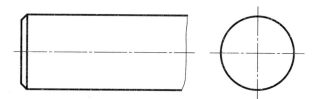

2. 梯形螺纹，大径 20mm，导程 8mm，线数为 2，左旋，螺纹长度 40mm。

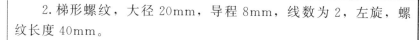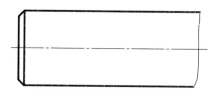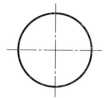

3. 细牙普通螺纹，大径 18mm，螺距 1mm，螺纹长度 26mm，公差代号为 7H。

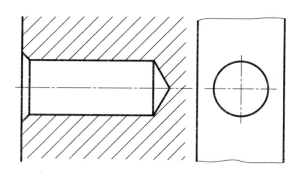

4. 非螺纹密封的管螺纹，尺寸代号为 3/4，公差等级为 B 级，左旋，螺纹长度为 35mm。

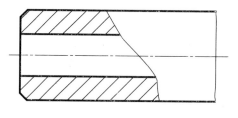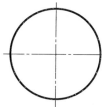

7-3　检查图中画法的错误，按正确画法画在下面。

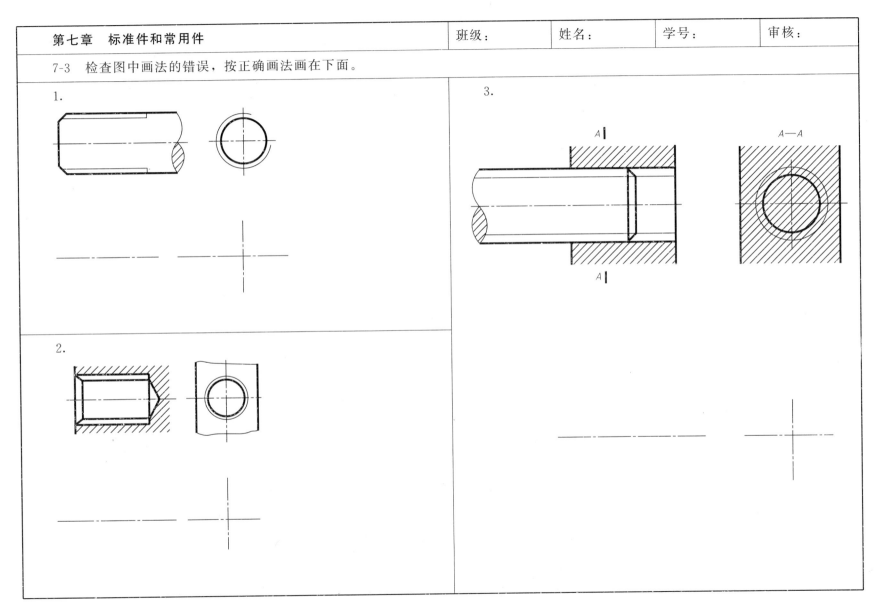

1.

2.

3.

7-4　螺纹连接作图。

根据下列图（a）轴和图（b）孔的结构，完成图（c）的螺纹连接。

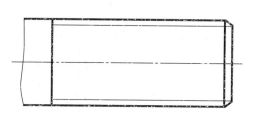

(a)

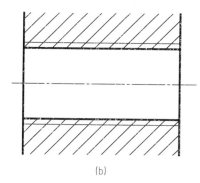

(b)

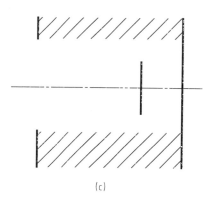

(c)

7-5　补全螺栓连接装配图中所缺的图线。

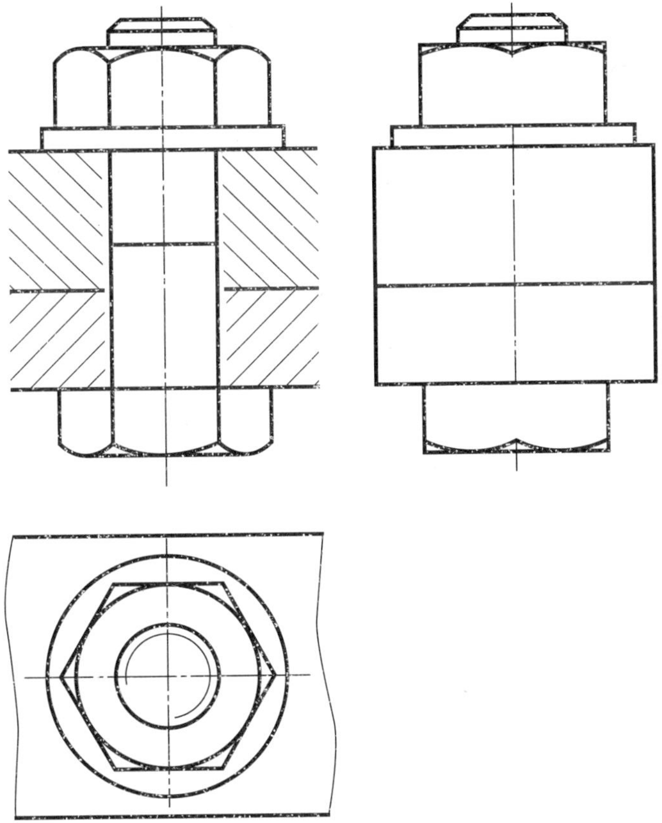

7-6　补全螺钉连接装配图中所缺的图线。

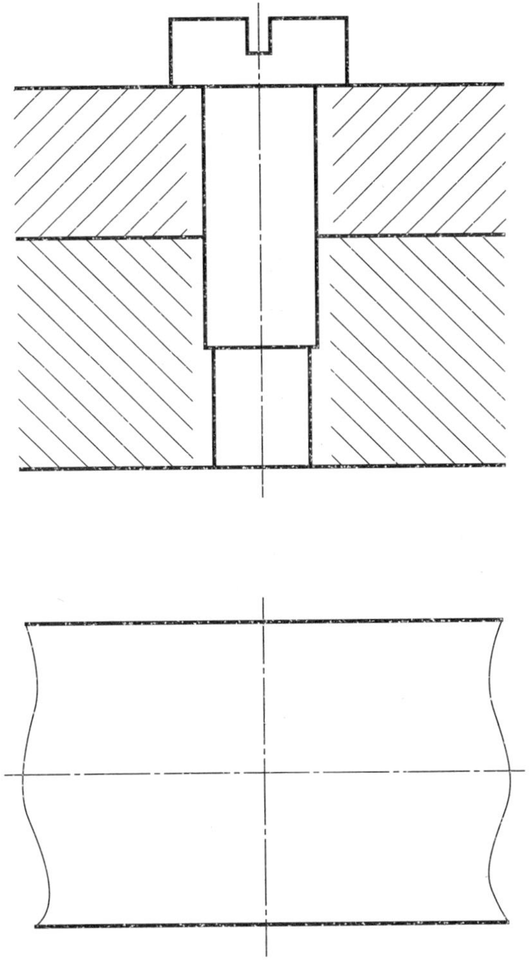

7-7　补全双头螺柱连接装配图中所缺的图线。	7-8　补全螺钉连接装配图中所缺的图线。

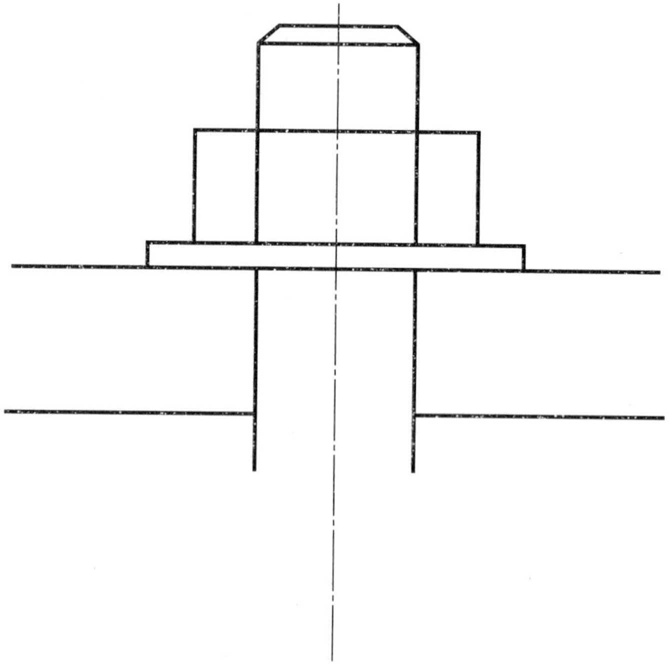

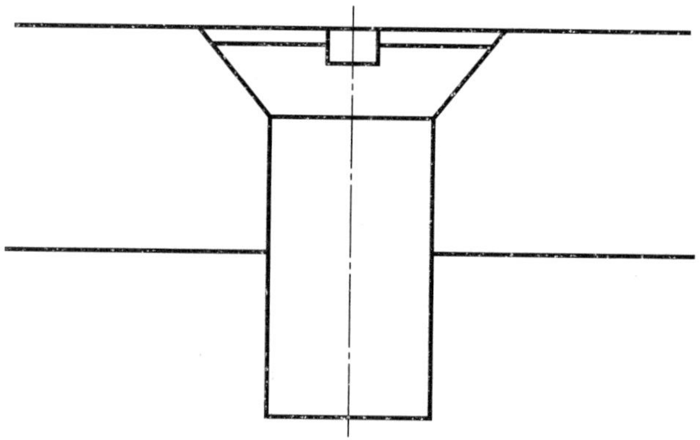

7-9　查表确定下列各连接件的尺寸，并写出规定标记。

1.六角头螺栓—C级

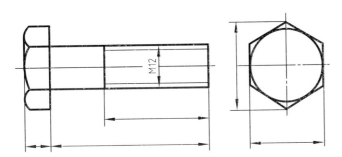

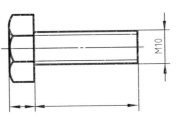

规定标记＿＿＿＿＿＿＿＿＿＿＿＿＿

2.六角头螺栓—全螺纹—C级

规定标记＿＿＿＿＿＿＿＿＿＿＿＿＿

3.Ⅰ型六角螺母—A级

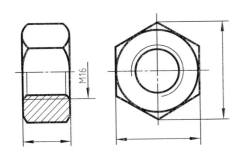

规定标记＿＿＿＿＿＿＿＿＿＿＿＿＿

4.双头螺柱（B型，$b_m＝1.25d$）

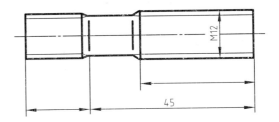

45

规定标记＿＿＿＿＿＿＿＿＿＿＿＿＿

7-10　键连接作图。

已知齿轮和轴，用 A 型普通平键连接，轴孔直径为 20mm，键的长度按图中给定。

1. 查表确定键和键槽的尺寸，补全轴和齿轮的图形，并标注键槽的尺寸；写出键的规定标记；用键将轴和齿轮连接起来，补全其连接图形。

2. 键的标记_____

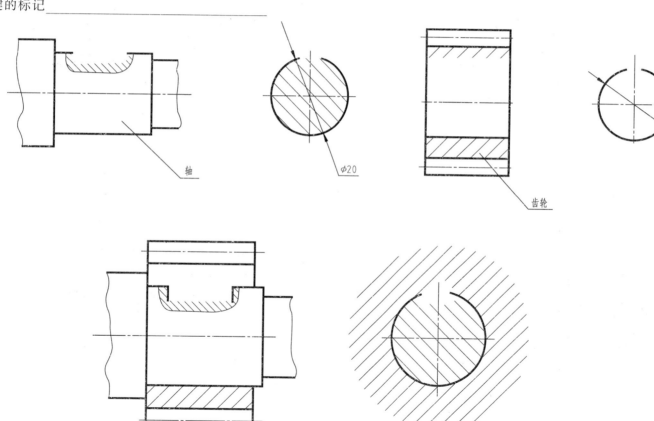

7-11　销连接作图。

图（a）（b）为轴、齿轮的视图，完成用销图（c）（GB/T 119.1　5 m5×30）连接轴和齿轮的装配图图（d）。

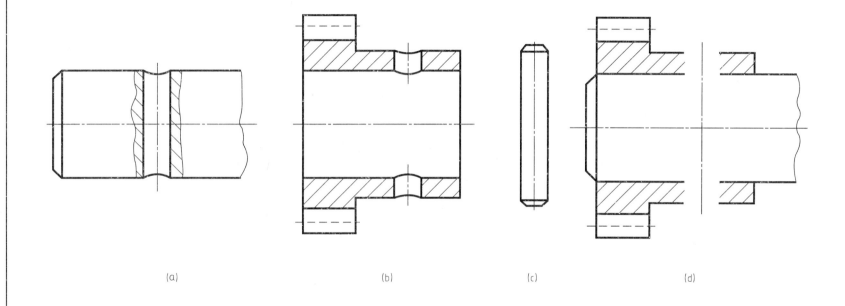

(a)　　　　　　　　(b)　　　　　　　　(c)　　　　　　　　(d)

7-12　补全直齿圆柱齿轮的主视图和左视图，并标注尺寸（$m=3$，$z=30$）。

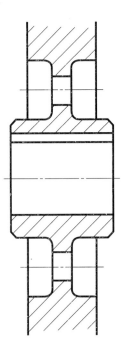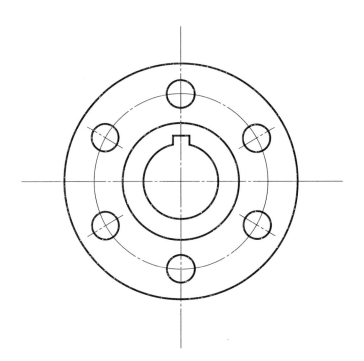

7-13 补全齿轮啮合的主视图和左视图。

7-14　滚动轴承作图。

已知阶梯轴两端支撑轴承轴肩处的直径分别为 25mm 和 15mm，用 1∶1 的比例表达出支承处的滚动轴承（按规定画法表达）。

深沟球轴承6205
GB/T 276

阶梯轴

深沟球轴承6202
GB/T 276

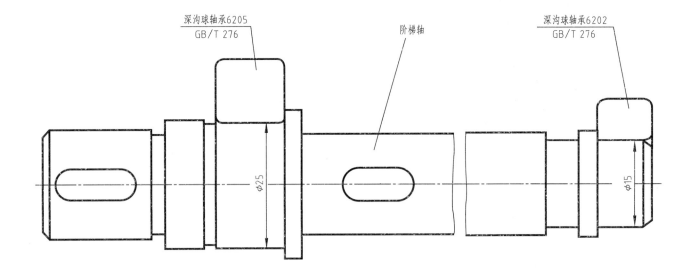

$\phi25$

$\phi15$

7-15　弹簧作图。

1.补画弹簧剖视图中漏掉的图线，用代号标注弹簧零件图上应标出的尺寸（本题不必画出弹簧压缩后的长度）。

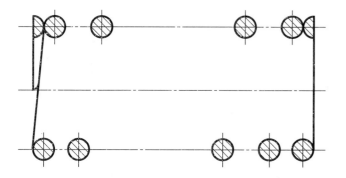

2.已知圆柱螺旋压缩弹簧簧丝直径 $d=10$mm，弹簧中径 $D=45$mm，节距 $t=10$mm，自由高度 $H=130$mm，有效圈数 $n=7.5$，支撑圈数 $n_2=2.5$，右旋。用 1：1 比例画出弹簧的全剖视图。

8-1　描述一下，轴和端盖零件的结构形状及视图表达方式。

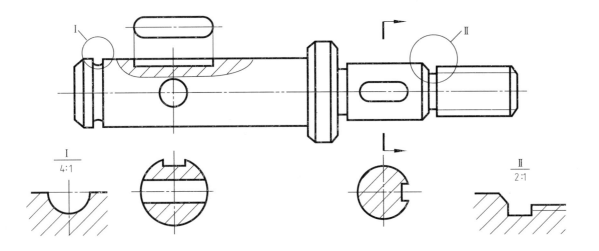

(a)

(b)

8-2　指出下列图中所示尺寸标注存在的错误，并改为合理的标注（标注在下面图中）。

1.

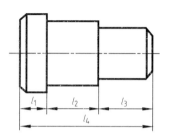

2.

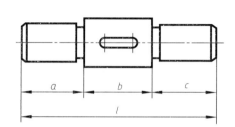

3.

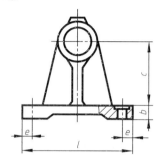

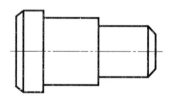

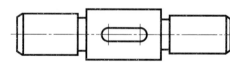

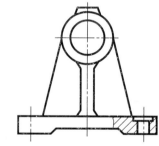

8-3　下列图中哪个尺寸标注比较合理？说明理由。

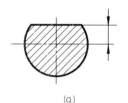

(a)

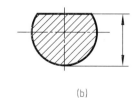

(b)

8-4　根据图中给定的轴向基准，标注零件的轴向尺寸和倒角、键槽、退刀槽的尺寸，补画断面图（所有尺寸按 1：1 量取整数）。

8-5　下面是支架零件图，在图中标注出支架长、宽、高方向的尺寸基准（用细实线引出标注）。

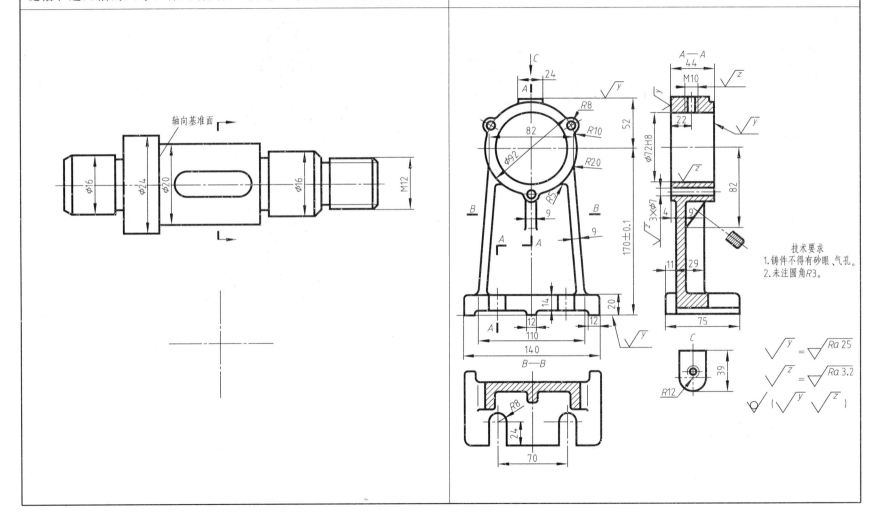

技术要求
1.铸件不得有砂眼、气孔。
2.未注圆角R3。

8-6　说明下列图中符号或标注的含义［其中（j）～（m）中是指细实线引出部分］。

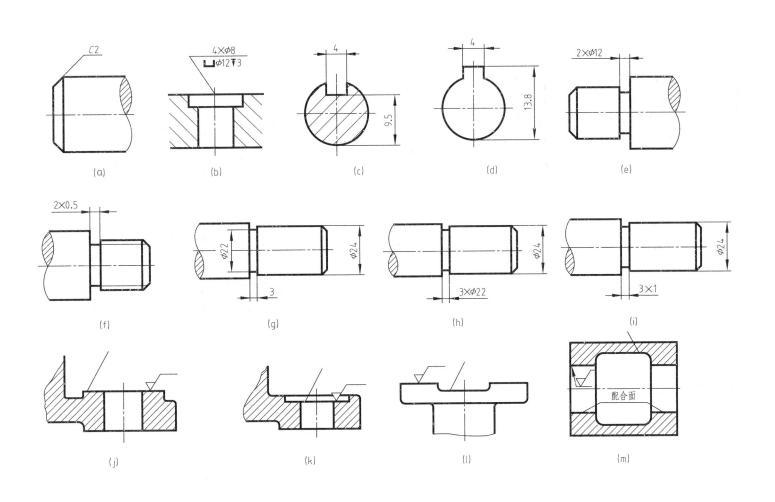

8-7　按要求标注零件表面的粗糙度代号。

1.

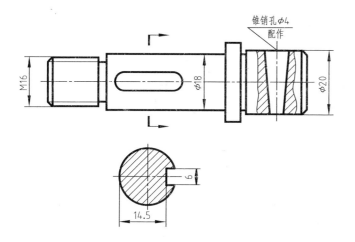

（1）φ20、φ18 圆柱面 Ra 为 1.6。

（2）M16 螺纹工作表面 Ra 为 3.2。

（3）销孔内表面 Ra 为 3.2。

（4）键槽两侧面 Ra 为 3.2；键槽底面 Ra 为 6.3。

（5）其余表面 Ra 为 12.5

2.

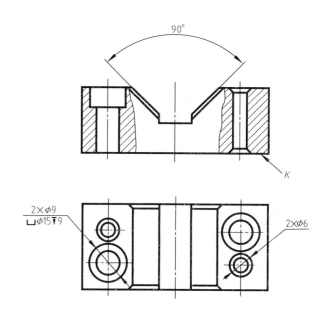

（1）90°V 形槽两工作面的 Ra 值为 0.8；

（2）底面 K 的 Ra 值为 1.6；

（3）两个 φ6 销孔，Ra 值为 3.2；

（4）两组 φ9 圆柱头沉孔，各表面的 Ra 值为 25；

（5）其余表面的 Ra 值为 12.5。

8-8　已知轴和孔的基本尺寸为φ32，采用基轴制配合，轴的公差等级为IT7；孔的基本偏差代号为G，公差等级为IT8。

1.在相应的零件图和装配图进行标注；
2.画出孔和轴的公差带图。

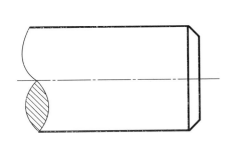 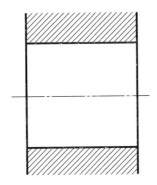 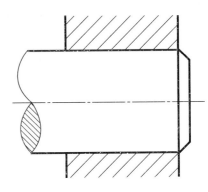

| 8-9　根据零件图的标注，在装配图上注出配合代号，并填空。 | 8-10　看懂装配图并填空。 |

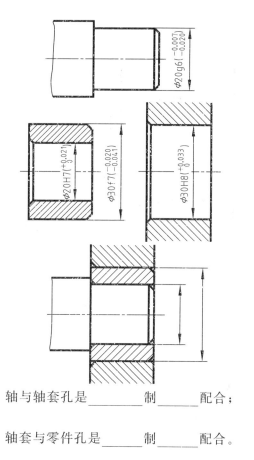

轴与轴套孔是 _____ 制 _____ 配合；

轴套与零件孔是 _____ 制 _____ 配合。

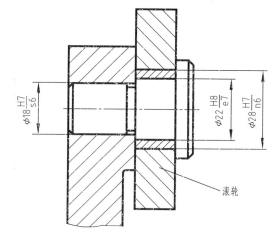

（1）ϕ18H7/s6 为基 _____ 制的 _____ 配合。

（2）ϕ22H8/e7 为基 _____ 制的 _____ 配合。

（3）ϕ28H7/n6 中：

孔和轴的基本尺寸为 _____ ；孔的公差带代号为 _____ ，公差等级为 _____ 级，基本偏差代号为 _____ ，上偏差为 _____ ，下偏差为 _____ ，公差值为 _____ ，最大极限尺寸为 _____ ，最小极限尺寸为 _____ 。

轴的公差带代号为 _____ ，公差带等级为 _____ 级，基本偏差代号为 _____ ，上偏差为 _____ ，下偏差为 _____ ，公差值为 _____ ，最大极限尺寸为 _____ ，最小极限尺寸为 _____ 。

8-11　按装配图上给定的配合代号查表，分别在零件图上注出其基本尺寸、公差带代号及上、下偏差数值。

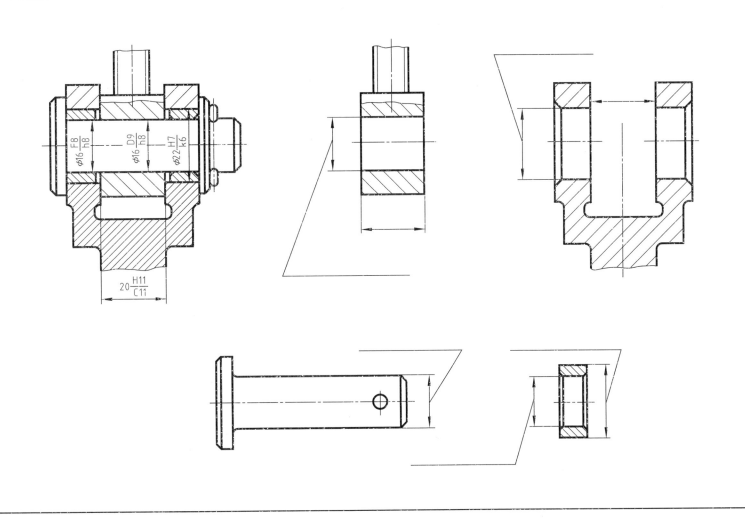

$\phi 16 \dfrac{F8}{h8}$　　$\phi 16 \dfrac{D9}{h8}$　　$\phi 22 \dfrac{H7}{k6}$

$20 \dfrac{H11}{C11}$

8-12　读懂卜图中的形位公差标注，填写下列表格。

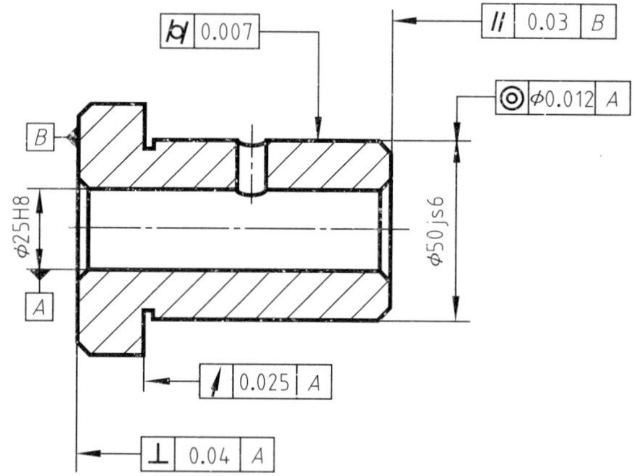

项目符号	公差项目名称	被测要素	基准要素	公差值
⌭				
//				
◎				
↗				
⊥				

8-13　填空解释下图中所注形位公差的含义。

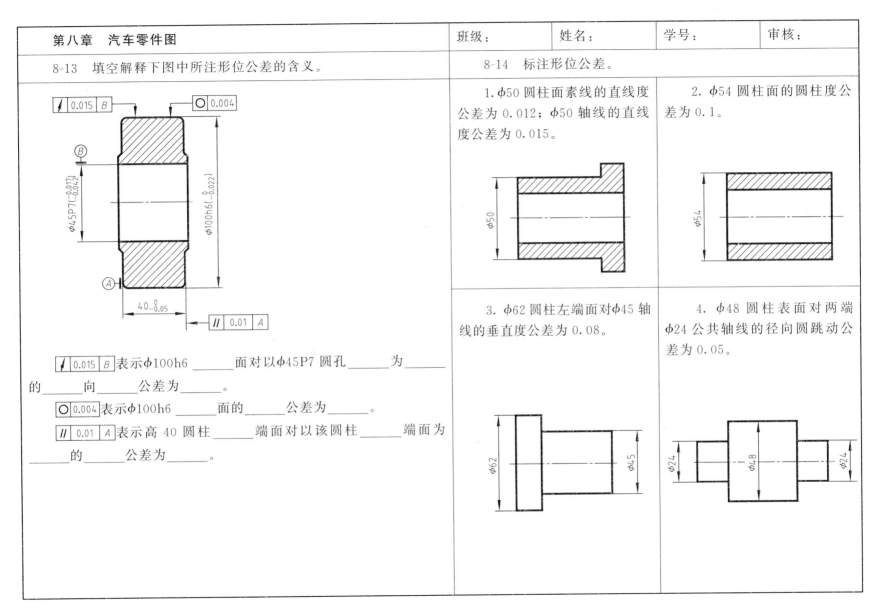

$\boxed{\nearrow\ |\ 0.015\ |\ B}$ 表示φ100h6 _____ 面对以φ45P7 圆孔 _____ 为 _____

的 _____ 向 _____ 公差为 _____。

$\boxed{\bigcirc\ |\ 0.004}$ 表示φ100h6 _____ 面的 _____ 公差为 _____。

$\boxed{/\!/\ |\ 0.01\ |\ A}$ 表示高 40 圆柱 _____ 端面对以该圆柱 _____ 端面为

_____ 的 _____ 公差为 _____。

8-14　标注形位公差。

1. φ50 圆柱面素线的直线度公差为 0.012；φ50 轴线的直线度公差为 0.015。

2. φ54 圆柱面的圆柱度公差为 0.1。

3. φ62 圆柱左端面对φ45 轴线的垂直度公差为 0.08。

4. φ48 圆柱表面对两端φ24 公共轴线的径向圆跳动公差为 0.05。

8-15　读气门的几何公差并填空。

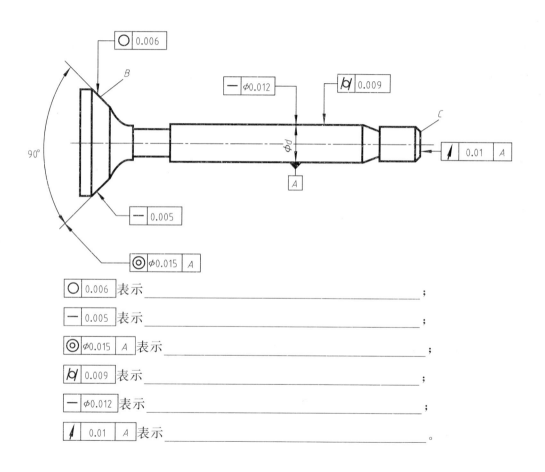

| ◯ | 0.006 | 表示 _____ ; |

| ─ | 0.005 | 表示 _____ ; |

| ◎ | φ0.015 | A | 表示 _____ ; |

| ⌀ | 0.009 | 表示 _____ ; |

| ─ | φ0.012 | 表示 _____ ; |

| ∕ | 0.01 | A | 表示 _____ 。 |

8-16　读轴零件图，填空和回答问题。

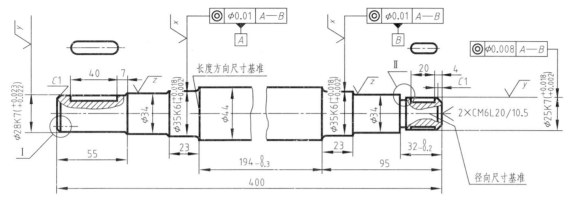

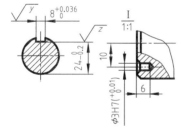

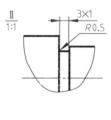

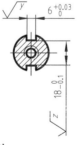

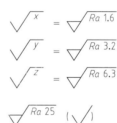

（1）该零件属于_____类零件，材料选用_____钢，零件图的比例为_____；

（2）说明零件所用的表达方法，其中键槽采用_____视图形式进行表达，其定位尺寸分别为_____；

（3）轴上的键槽总长度分别为_____，宽度分别为_____，深度分别为_____；

（4）零件上表面粗糙度共有_____级要求，要求最高的是_____；

（5）解释各尺寸公差及形位公差的含义。

技术要求
1.调制220～250HBW；
2.未注圆角R1.5。

	轴	比例	材料	图号
		1：2	45	
制图				
审核				

8-17　读套筒零件图（要求：1.补画左视图；2.在指定位置补画移出断面图；3.补画 *B—B* 断面的剖切符号；4.填空）。

2:1

φ95　4　R0.5

294±0.2

142±0.1

64　20±0.1

6×M8▼8　孔▼12EQS

36

49

6×M6▼8　孔▼10EQS

φ93

Ra 1.6

φ95h6　φ78　φ60H7

36

R8

φ78　φ85

60°

2×φ10

φ60H7　φ75　φ95　φ132±0.2

Ra 1.6

67　40　5

8±0.1

Ra 3.2　Ra 3.2

B—B

φ40　16

φ40

85

技术要求

1.锐边倒钝；
2.未注倒角C2；
3.所有螺孔倒角皆为C1。

Ra 12.5 （√）

◎|φ0.04|A 的含义是：被测要素为 _____，

基准要素为 _____，

此为 _____ 公差，其值为 _____。

套筒	比例	材料	图号
	1：2	45	
制图			
审核			

8-18 读法兰盘零件图，画出 K 向视图，填空和回答问题。

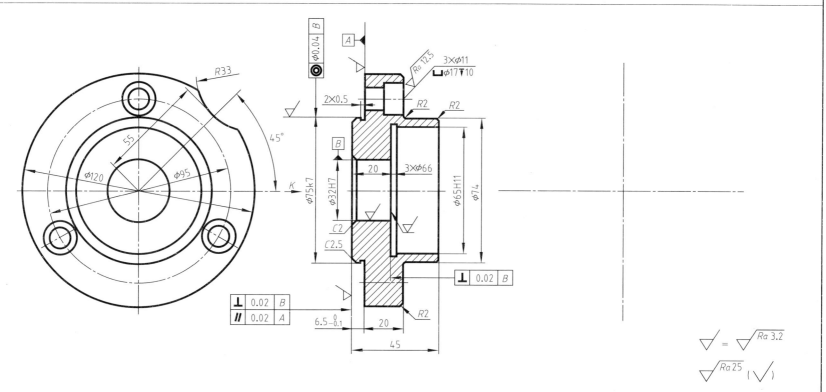

法兰盘

			比例	材料	图号
	法兰盘		1：1	HT150	
制图					
审核					

（1）该零件的表达方法为 _____。

（2）φ32H7 的含义是 _____。

（3）说明各形位公差的含义。

（4）说明该零件表面结构要求最高的代号为 _____。

77

8-19　读前端盖零件图。

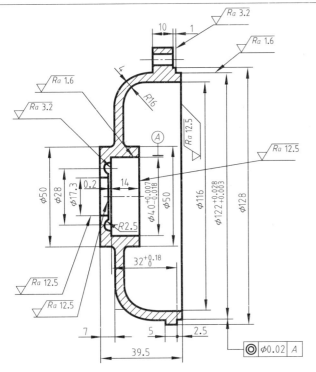

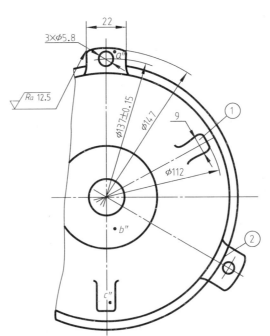

技术要求

1.未注圆角R2,尖角倒圆R0.3;

2.止口部分不允许有砂眼,与机座接触平面允许有不超过1mm²气孔;

3.不配合的外表面涂漆。

	比例	材料	图号
前端盖	1:1	ZL102	
制图			
审核			

（1）在图中标出该零件的径向和轴向尺寸基准；

（2）根据零件表面上 A、B 的一个投影，分别作出另一投影；

（3）图中①处凸台有_____个，②处耳板有_____个；

（4）零件上表面粗糙度共有_____级要求，要求最高的是_____；

（5）画出零件的右视图。

8-20　读零件图：分析视图表达方法，想象出零件形状，熟悉各种标注方法。

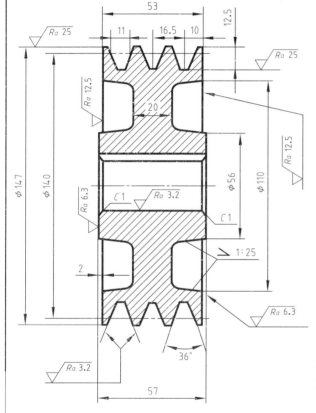

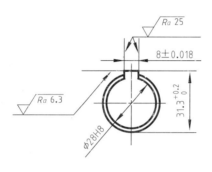

技术要求

1.轮槽工作面及辐板、轮毂处不应有砂眼、气孔等缺陷。

2.未注圆角R3～R5。

（1）带轮是用_____材料制成，零件图的比例为_____；

（2）零件的轴向基准是_____，径向基准是_____；

（3）图中采用了哪几种表达方法_____；

（4）带轮带键槽的孔采用了_____画法；

（5）图中表面粗糙度要求有_____级，Ra最大值是_____，表面精度要求最高的Ra值是_____。

带轮	比例	材料	图号
	1：2	HT200	
制图			
审核			

8-21　读制动踏板零件图，画出 A—A 断面图，并回答问题。

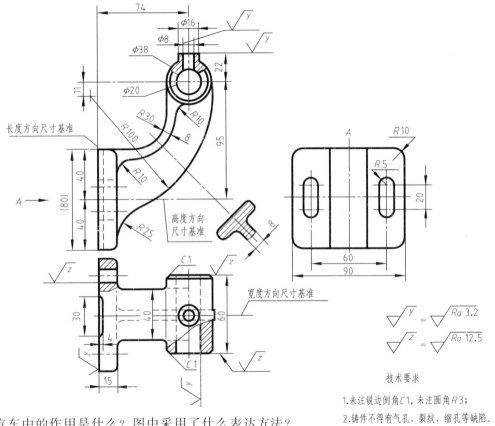

$$\sqrt{}^{y} = \sqrt{}^{Ra\,3.2}$$

$$\sqrt{}^{z} = \sqrt{}^{Ra\,12.5}$$

技术要求

1.未注锐边倒角C1，未注圆角R3；

2.铸件不得有气孔、裂纹、缩孔等缺陷。

$\sqrt{}$　$(\sqrt{})$

（1）该零件在汽车中的作用是什么？图中采用了什么表达方法？

（2）A 视图是_____视图，表达了_____形状。为了表达肋板的形状，采用了_____断面。

（3）ϕ20H8 的代号中，H 表示_____代号，8 表示_____代号。

（4）零件的表面精度要求最高的是 Ra_____，表面精度要求最低的是 Ra_____。

制动踏板	比例	材料	图号
	1：1	HT200	T90-009
制图			

8-22　读控制器座零件图，补画 $D—D$ 剖视图，并在图上指明长、宽、高三个方向的尺寸基准。

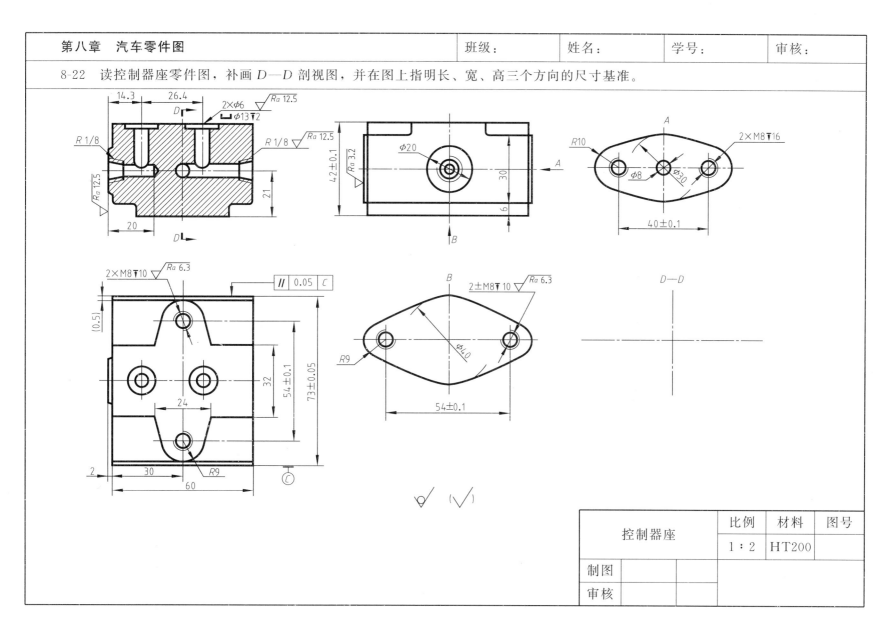

		比例	材料	图号
控制器座		1：2	HT200	
制图				
审核				

9-1　判断下列装配结构是否合理？为什么？应该如何改进？

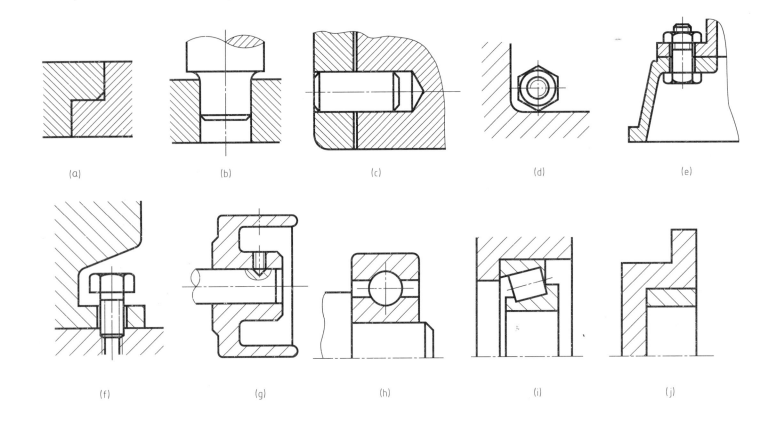

9-2　指出下列图中所示装配结构的作用（一）。

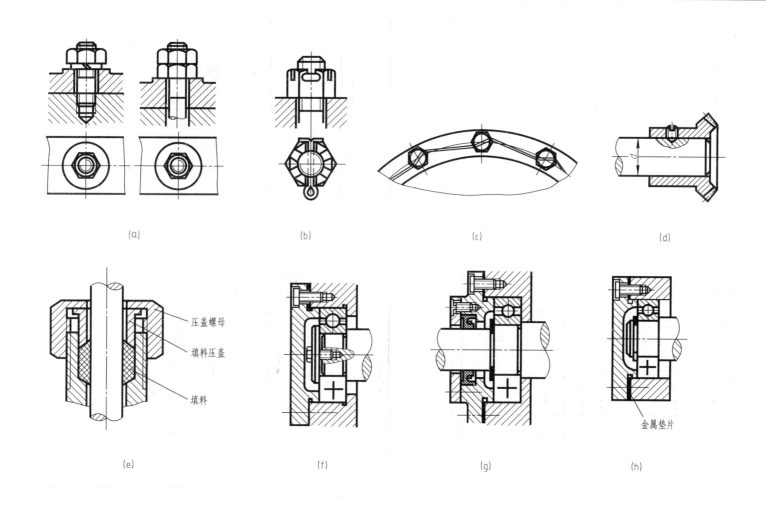

(a)　　　　　　　　　(b)　　　　　　　　　(c)　　　　　　　　　(d)

压盖螺母

填料压盖

填料

金属垫片

(e)　　　　　　　　　(f)　　　　　　　　　(g)　　　　　　　　　(h)

9-2　指出下列图中所示装配结构的作用（二）。

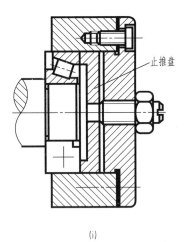

止推盘

(i)

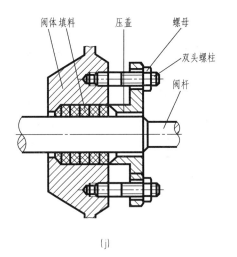

阀体填料　　压盖　　螺母

双头螺柱

阀杆

(j)

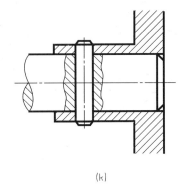

(k)

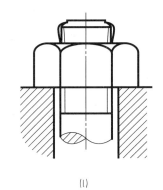

(l)

9-3　识读针形阀装配图并回答问题（一）。

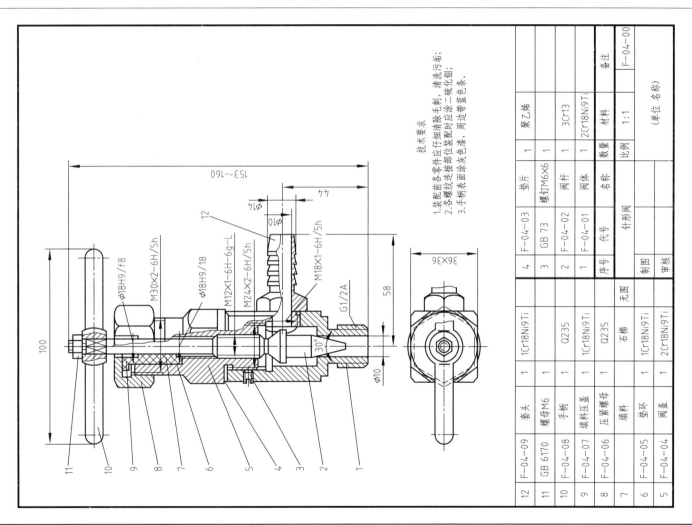

技术要求
1. 装配前各零件应仔细清除毛刺，清洗污垢；
2. 各螺纹连接部位装配时应涂二硫化钼；
3. 手柄表面涂灰色漆，周边带蓝带色漆。

12	F—04—09	套头	1	1Cr18Ni9Ti		4	F—04—03	垫片	1	聚乙烯	
11	GB 6170	螺母M6	1			3	GB 73	螺钉M6×6	1		
10	F—04—08	手柄	1	Q235		2	F—04—02	阀杆	1	3Cr13	
9	F—04—07	填料压盖	1	1Cr18Ni9Ti		1	F—04—01	阀体	1	2Cr18Ni9Ti	
8	F—04—06	压紧螺母	1	Q235		序号	代号	名称	数量	材料	备注
7		填料	1	石棉	无图			针形阀			F—04—00
6	F—04—05	垫环	1	1Cr18Ni9Ti		制图			比例	1:1	（单位 名称）
5	F—04—04	阀盖	1	2Cr18Ni9Ti		审核					

9-3　识读针形阀装配图并填空回答问题（二）。

（1）针形阀由_____类共有_____个零件组成，其中标准件有_____个。

（2）装配图的表达方法是：_____。

（3）φ18H9/f8 为_____尺寸，表示件_____和件_____之间的配合，是基_____制_____配合；

　　　M30×2-6H/5h 表示件_____和件_____之间的_____配合；

　　　M24×2-6H/5h 表示件_____和件_____之间是_____配合；

　　　G1/2A 表示_____螺纹，尺寸代号为_____。

（4）螺钉 3 连接了零件_____和零件_____，起_____作用。

（5）试述针形阀的拆卸顺序。

9-4　识读活塞连杆装配图并回答问题（一）。

（1）叙述活塞连杆总成的工作原理、传递动力路径以及它由哪些零件装配而成？

（2）有哪些标准件？

（3）找出图中所有的配合，指出分别是哪两个零件的配合，并分析分别是什么性质的配合？

（4）在该装配图中，零件序号编排有何特点？明细表的主要内容有哪些？

（5）指出装配图中的规格尺寸、装配尺寸和总体尺寸。

（6）装配图中的技术要求表明了什么？

（7）根据该装配图，拆画活塞销和活塞衬套零件图。

9-4　识读活塞连杆装配图并回答问题（二）。

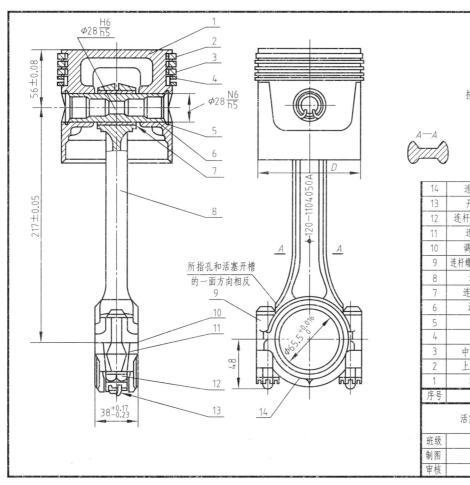

技术要求

按说明书 No.120-3902122 进行装配。

所指孔和活塞开槽的一面方向相反

14	连杆轴瓦	2	轴承合金	
13	开口销	2	45	GB/T 91
12	连杆螺母M10	2	35	GB/T 6178
11	连杆盖	1	40	
10	调整垫片		08	数量视需要
9	连杆螺栓M10×70	2	40Cr	GB/T 5782
8	连杆	1	40	
7	连杆衬套	1	QSn4-4-2.5	
6	活塞销	1	40Cr	渗碳
5	锁环	2	65Mn	
4	油环	1	QT700-2	
3	中活塞环	2	QT700-2	
2	上活塞环	1	QT700-2	
1	活塞	1	ZL7	
序号	名称	数量	材料	备注

活塞连杆总成	比例	1:1	（图号）
	件数		
班级		（学号）	共 张 第 张 成绩
制图		（日期）	（校名）
审核		（日期）	

	班级：	姓名：	学号：	审核：

9-5　根据给定的零件图拼画推杆阀装配图（一）。

推杆阀的工作原理：

推杆阀安装在低压管路系统中，用以控制管路的"通"或"不通"。当推杆受外力作用向左移动时，钢球压缩弹簧，阀门被打开；当去掉外力时钢球在弹簧的作用下，将阀门关闭。

推杆阀的装配示意图如下。

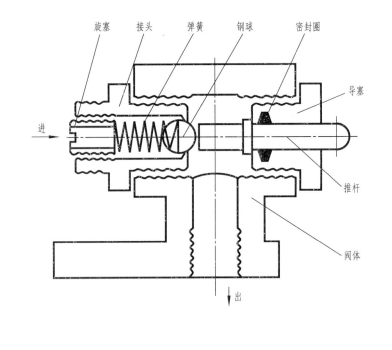

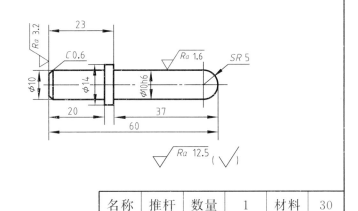

名称	推杆	数量	1	材料	30

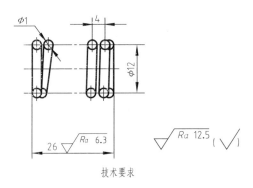

技术要求

旋向：右；有效圈数：6；总圈数：85；展开长度：295

名称	弹簧	数量	1	材料	65Mn

9-5　根据给定的零件图拼画推杆阀装配图（二）。

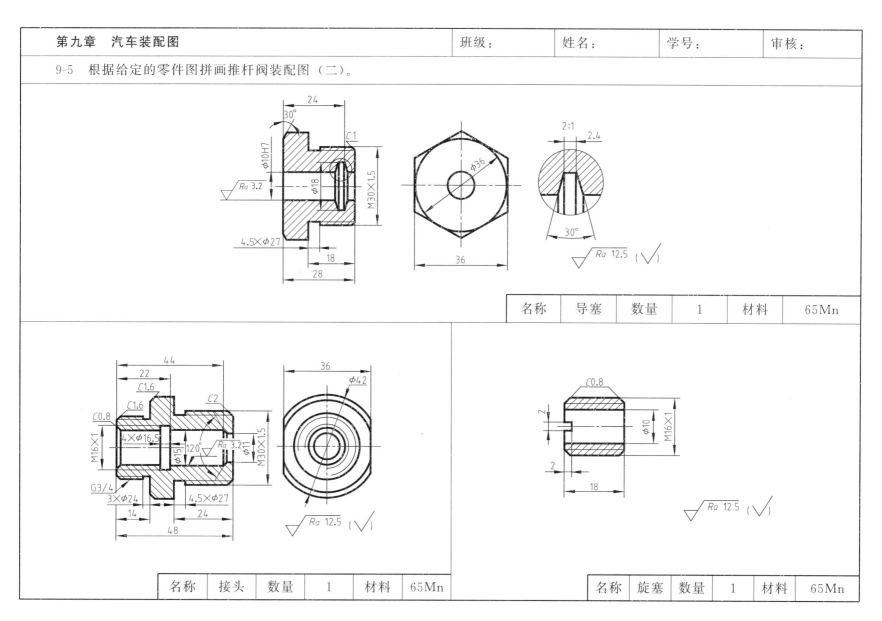

名称	导塞	数量	1	材料	65Mn

名称	接头	数量	1	材料	65Mn

名称	旋塞	数量	1	材料	65Mn

9-5　根据给定的零件图拼画推杆阀装配图（三）。

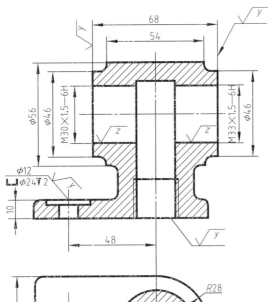

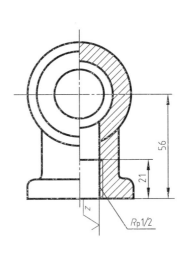

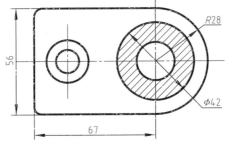

$$\sqrt{}\overset{y}{} = \sqrt{Ra\ 12.5}$$

$$\sqrt{}\overset{z}{} = \sqrt{Ra\ 6.3}$$

$\sqrt{ }\quad (\sqrt{ })$

技术要求
未注铸造圆角R2～R3。

阀体	比例	材料	图号
	1：2	HT250	
制图			
审核			

9-6　根据千斤顶的装配示意图和零件图拼画装配图（一）。

一、目的

1.熟悉和掌握装配图的内容和装配图的表达方法；

2.了解绘制装配图的方法。

二、内容与要求

1.按教师指定的题目，根据零件图绘制 1～2 张装配图。

2. A3 图纸，1∶1 画图。

三、注意事项（画图步骤）

1.初步了解，根据名称和装配示意图，对装配体的功能进行粗略分析，并将其与零件图的相应序号相对照，区分一般零件和标准件，并确定其数量，分析装配图的复杂程度及大小。

2.详读零件图，依据示意图详读零件图，进而分析装配顺序、零件之间的装配关系、连接方法，弄清传动路线、工作原理。

3.确定表达方案，选择主视图和其他视图。

4.合理布图，先画出各视图的作图基准线（主要装配干线、对称线等）。

5.拟订画图顺序。画剖视图时，一般从装配干线入手，由内向外逐个画出各个零件的投影（也可酌情由外向里绘制）。

6.注意相邻零件剖面线的画法，标注尺寸，填写技术要求，编好序号。

7.按装配图的内容，认真做一次全面检查和修正。

千斤顶装配示意图

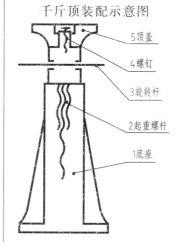

5顶盖
4螺钉
3旋转杆
2起重螺杆
1底座

千斤顶工作原理

千斤顶是顶起重物的部件。使用时，须按逆时针方向转动旋转杆 3，使起重螺杆 2 向上升起，通过顶盖 5 将重物顶起。

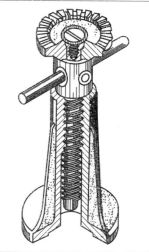

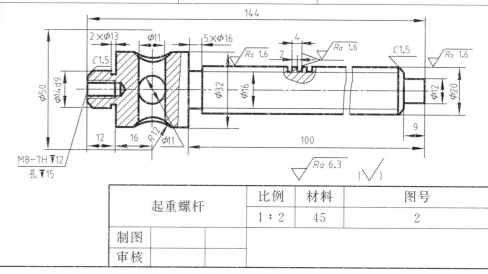

起重螺杆	比例	材料	图号
	1∶2	45	2
制图			
审核			

9-6　根据千斤顶的装配示意图和零件图拼画装配图（二）。

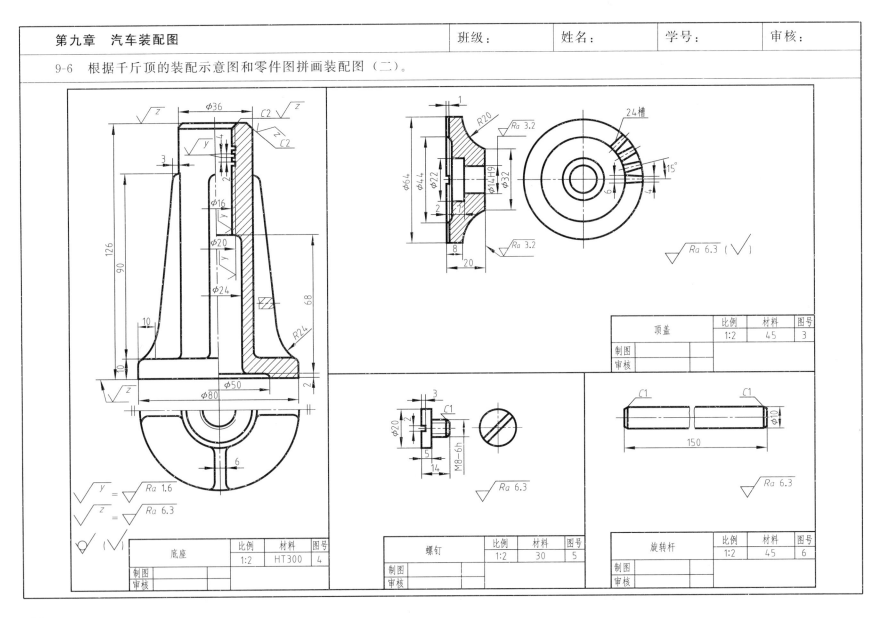

顶盖

	比例	材料	图号
	1:2	45	3
制图			
审核			

底座

	比例	材料	图号
	1:2	HT300	4
制图			
审核			

螺钉

	比例	材料	图号
	1:2	30	5
制图			
审核			

旋转杆

	比例	材料	图号
	1:2	45	6
制图			
审核			

9-7 读油泵装配图并拆画零件图。

工作原理：该部件为机床润滑用柱塞式油泵，行程为 8～12mm，在外力作用下（凸轮未画出）滑柱 9 克服弹簧力作上下往复运动，油泵即工作，图示为最高位置。当滑柱下移时，油腔体积变小，油液过左阀体小孔 $\phi3$ 顶开钢球 12 流入机床润滑系统。与此同时，由于右阀体内的钢球受力向外，堵住进油孔。当外力消除时，在弹簧作用下，滑柱上移，腔体容积增大，压力变小，油液在大气压作用下顶开右阀门钢球进入泵体，同时左阀门关闭。如此循环往复，油液连续进入润滑系统，起到供油作用。

看懂柱塞式油泵装配图，阅读工作原理说明，回答下列问题。

（1）滑柱 9 的材料是_____，45 的含义是_____。

（2）泵体 1 的材料是_____。

（3）M33×2 是_____螺纹，其中 33 是_____，2 是_____。

（4）G3/8 是_____螺纹，其中 3/8 是_____代号。

（5）零件 10 销的作用是_____。

（6）装配体的外形尺寸：长_____，宽_____，高_____。

（7）图中定位尺寸有_____个，分别为_____。

（8）如果要画滑柱 9 的零件图，其轴线是（水平，垂直）_____放置，且小端最好朝_____（上，下，左，右），视图选择除主视图外，还应有_____图。

（9）想出泵体 1 的结构形状（特别是背面和侧面外形），画出泵体 1 的零件图（或画出滑柱 9 的零件图）。

9-8 读油缸装配图并拆画零件图。

工作原理：油缸以压力油为动力源，推动活塞 3 并带动其他工作机械往复运动，压力油经过端盖 7 的 $Rp1/4$ 螺孔进入缸体，推动活塞向上运动 20mm。当关闭油路后活塞在弹簧 2 的作用下自动复位。活塞上端的 M12 螺孔是供连接其他工作机械之用。

看懂油缸装配图，回答下列问题。

（1）油缸装配图的主视图主要采用_____剖视，B 向视图主要是表达_____。

（2）零件 1 缸体上有螺孔_____个，其大径是_____。

（3）图中有配合代号 $\phi20H8/f7$，这是基_____制的_____配合，孔的公差等级是_____，轴的公差等级是_____。

（4）图中代号为 $Rp1/4$ 表示_____螺纹。

（5）零件 7 端盖上共有_____个用于装连接螺钉的孔。

（6）该装配体中密封件有_____件。

（7）缸体 1 上有小孔 $\phi3$，其作用是_____。

（8）如果要从装配体中拆下活塞 3，必须首先拆下零件_____，其次拆下零件_____。

（9）拆画缸体 1 和活塞 3 的零件图。

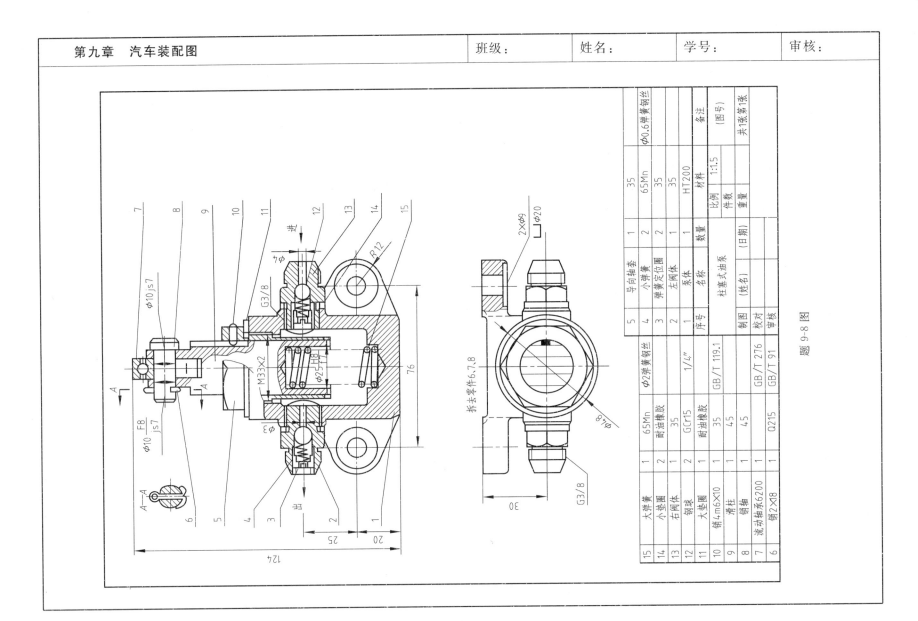

题 9-8 图

15	大弹簧	1	65Mn			5	导向轴套	1	35	Φ0.6弹簧钢丝
14	小垫圈	2	耐油橡胶			4	小弹簧	2	65Mn	
13	右阀体	1	35			3	弹簧定位圈	2	35	
12	钢球	2	GCr15	1/4"		2	左阀体	1	HT200	
11	大垫圈	1	耐油橡胶			1	泵体	1		
10	销4m6×10	1	35	GB/T 119.1		序号	名称	数量	材料	备注
9	滑柱	1	45				柱塞式油泵		比例 1:1.5	(图号)
8	销轴	1	45	GB/T 276					件数	
7	流动轴承6200	1		GB/T 276		制图 (姓名)	(日期)		重量	共1张第1张
6	销2×18	1	Q215	GB/T 91		校对				
						审核				

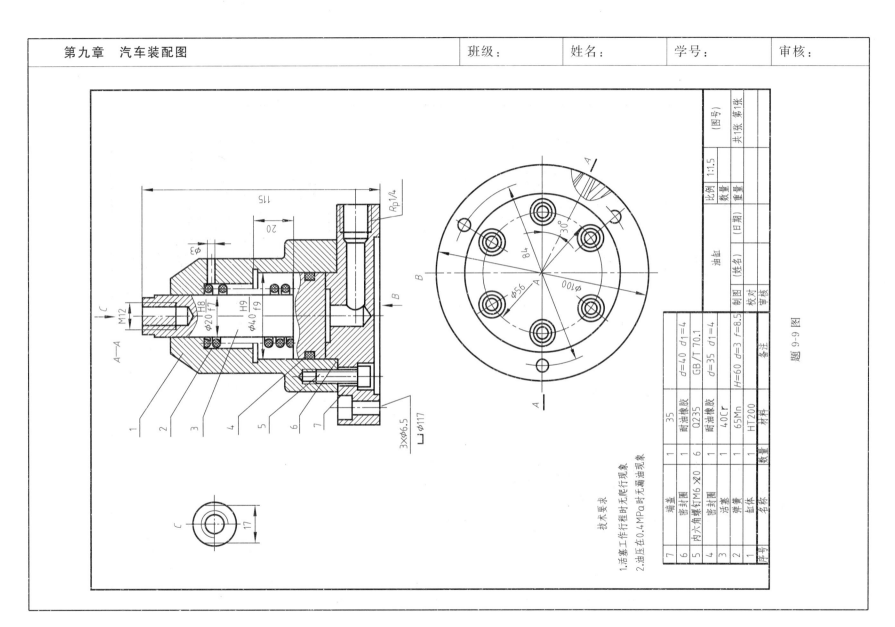

题 9-9 图

7	端盖	1	35	
6	密封圈	1	耐油橡胶	d=40 $d1$=4
5	内六角螺钉M6 X0	6	Q235	GB/T 70.1
4	密封圈	1	耐油橡胶	d=35 $d1$=4
3	活塞	1	40Cr	
2	弹簧	1	65Mn	H=60 d=3 f=8.5
1	缸体	1	HT200	
序号	名称	数量	材料	备注

技术要求
1.活塞工作行程时无爬行现象
2.油压在0.4MPa时无漏油现象

	比例	1:1.5	
油缸	数量		
	重量		
			(图号)
制图	(姓名)	(日期)	
校对			共1张 第1张
审核			

9-9 看懂换向阀的装配图，并拆画零件 1 阀体和零件 2 阀门的零件图。

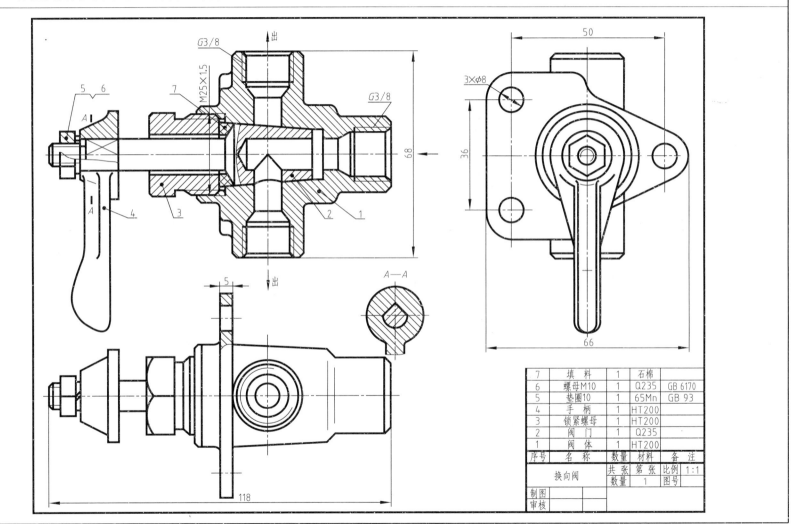

7	填　料	1	石棉	
6	螺母M10	1	Q235	GB 6170
5	垫圈10	1	65Mn	GB 93
4	手　柄	1	HT200	
3	锁紧螺母	1	HT200	
2	阀　门	1	Q235	
1	阀　体	1	HT200	
序号	名　称	数量	材料	备注

		换向阀	共　张　第　张	比例	1:1
			数量　1	图号	
制图					
审核					

10-1　识读曲轴活塞连杆部件图，并将下列图所示的零件按活塞连杆组、曲轴飞轮组进行分类列出。

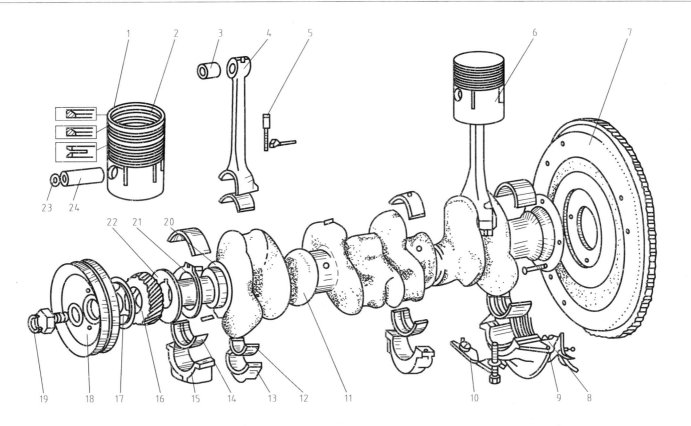

曲轴活塞连杆部件图

1—气环；2—油环；3—连杆衬套；4—连杆；5—连杆螺栓；6—活塞；7—飞轮；8—曲轴后轴承盖；9—曲轴后轴承油封座；10—螺栓锁片组件；
11—曲轴 ；12—连杆轴瓦；13—连杆盖；14—曲轴主轴承瓦；15—主轴承盖；16—曲轴齿轮；17—曲轴前挡油盘；18—曲轴带轮；
19—曲轴启动爪；20—曲轴齿轮垫圈；21—止推前垫圈；22—推后垫圈；23—活塞销锁环；24—活塞销

10-2　识读东风 EQ1090E 型汽车的离合器的结构图（一）。

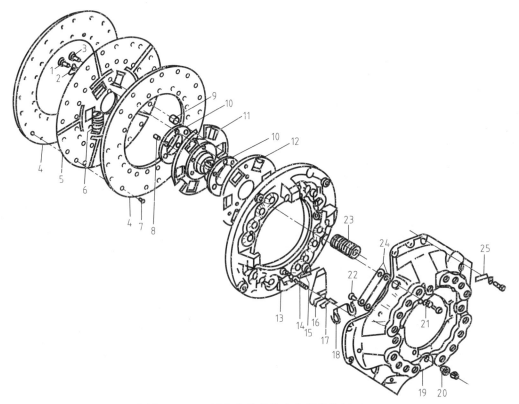

东风 EQ1090E 型汽车的单片离合器结构图（一）

1—减振器阻尼弹簧铆钉；2—减振器阻尼弹簧；3—从动盘铆钉；4—摩擦片；5—离合器从动盘；6—减振器弹簧；7—摩擦片铆钉；8—减振器阻尼片铆钉；
9—从动盘铆钉隔套；10—减振器阻尼片；11—从动盘毂；12—离合器减振盘；13—离合器压盘；14—分离杠杆调整螺钉；15—分离杠杆浮动销；
16—分离杠杆；17—分离杠杆摆动块；18—分离杠杆弹簧；19—离合器盖；20—分离杠杆调整螺母；21—压盘传动片螺钉座；
22——压盘传动片铆钉；23—压盘弹簧；24—压盘传动片；25—离合器平衡片

10-2　识读东风 EQ1090E 型汽车的离合器的结构图（二）。

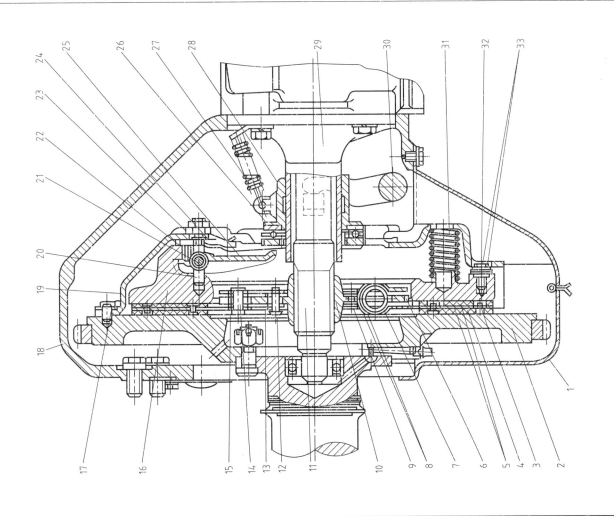

东风 EQ1090E 型汽车的单片离合器结构图（二）

1—离合器壳底盖；2—发动机飞轮；3—摩擦片铆钉；4—从动盘本体；5—摩擦衬片；6—减振器盘；7—减振器弹簧；8—减振器阻尼片；9—阻尼片弹簧；10—从动盘毂；11—变速器第一轴（离合器从动轴）；12—阻尼片弹簧铆钉；13—减振器阻尼弹簧；14—从动盘铆钉；15—从动盘铆钉隔套；16—压盘；17—离合器盖定位销；18—离合器壳；19—离合器盖；20—分离杠杆支承柱；21—摆动支片；22—分离销；23—离合器盖定位销；24—分离杠杆弹簧；25—分离杠杆；26—分离轴承；27—分离套筒回位弹簧；28—分离套筒；29—变速器第一轴轴承盖；30—分离叉；31—压紧弹簧；32—传动片铆钉；33—传动片；

10-3　识读汽车钢板弹簧结构图。

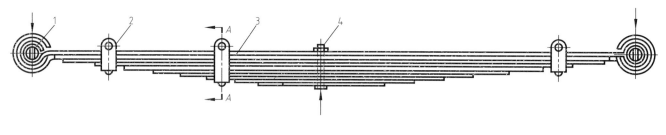

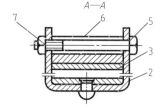

非对称式钢板弹簧

1—卷耳；2—弹簧夹；3—钢板弹簧；4—中心螺栓；5—螺栓；6—套管；7—螺母

10-4　通过识读汽车后悬架结构图，叙述后悬架的结构特点和功用。

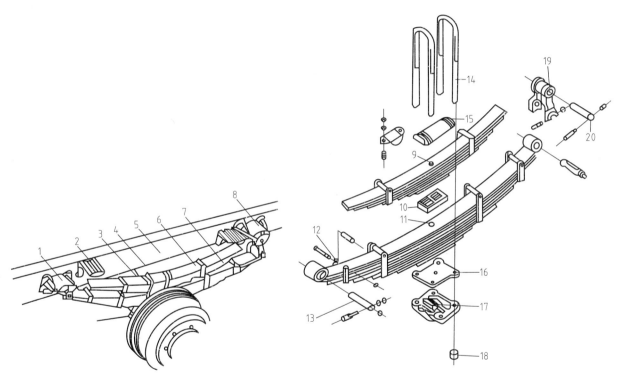

后悬架结构图

1—前支架；2—辅助钢板弹簧支架；3—后桥；4—软垫总成；5—车架；6—辅助钢板弹簧；7—后钢板弹簧；8—后支架；9—辅助钢板弹簧中心螺栓螺母；
10—辅助钢板弹簧垫板；11—后钢板弹簧中心螺栓螺母；12—后钢板弹簧夹箍；13—前支架销及楔形锁紧螺母；14—U形螺栓；
15—盖板；16—垫板；17—连接片；18—螺母；19—吊环；20—吊环销